顧客満足CSの科学と顧客価値創造の戦略

グローバル生産文化と日本文化の強みを生かすものコトづくり発想

圓川隆夫　著
フランク・ビョーン

日科技連

まえがき

　高品質・高信頼性の名声のもとに圧倒的競争力を誇った日本のものづくりも，バブル崩壊後グローバルな市場の台頭と競争環境条件の変化とともに，その勢いを失って久しい．それは高品質の強みを失った訳ではなく今でも強さをもっている．しかしながら，現在ではともすれば供給サイドからの高品質であり，本書ではこれを裏の品質力と呼んでいる．顧客の成熟や価値の異なる市場の台頭によって，CS（顧客満足や顧客満足度）や顧客価値につながる表の品質力とはならず，ともすればそれとの乖離を引き起こしているのではないだろうか．高品質の強みを再び表の品質力に結びつけるために，本書は顧客価値の事後的な代理指標ともいえる顧客満足CSの科学的な分析をとおして，表の品質力につながる顧客価値創造の戦略を導き出すことを企図したものである．

　CS経営が謳われながら，それを支える科学的な分析は少なかった．無論，過去にも多くのCSの研究論文は存在してきたが，それらはいずれも限られた業種・地域，そして一時点のもので，木を見て森を見ずの観があり，文化の異なる世界の市場や時間軸上の変化を俯瞰したものは皆無といってよい．筆者の研究室では30年以上の耐久消費財の継続的なCSの定点観測，そして先進国4カ国，新興国4カ国における15の製品・サービスのCS関連指標やその源泉としての文化の調査，さらにそれをフォローする世界6カ国の価値観まで含めた調査・研究を現在も行っている．これらの成果については，国内外の多くの学術論文誌に発表してきた．

　本書の第2章，第3章はその成果を紹介するものであるが，単に過去の研究を紹介したのではなく，本書の執筆に際して後半の顧客価値創造に結びつけるべく改めて分析し直したものである．これにより，これまでわかっていた世界の消費者の態度や行動を反映するCS関連指標の平均が，国や地域の文化の違いで説明できることに加えて，その生成メカニズムも国や地域により異なり，それが平均とは異なる国や地域の文化要素で説明できること，さらに生成メカ

ニズムにおいて，実用的価値よりも情緒的価値のほうがCSへの寄与が大きいこと，そして何よりも直接商品とはかかわれない企業（ブランド）イメージの影響が著しく大きい，という学術的にも新しいCS生成モデルを発見できた．企業イメージの影響の大きさは，多くの国や地域で知覚品質を大きく凌ぐものであり，特に再購買意図への影響力は著しいものがある．

この企業イメージの影響力の結果をふまえて，本書執筆にあたって新たにデータ収集，分析を行い章立てしたのが第4章である．企業イメージの何がCSへの決定要因かを探るべく詳細なブランド調査のデータと突き合わせることによって，特に「魅力個性的イメージ」はCSを大きく向上させ，ともすれば日本企業が弱かったブランディングの重要性と，CSとブランドイメージの双方向の好循環サイクルこそCS経営の神髄であることを検証することができた．さらにマーケティング理論で長年唱えられてきた「CSとシェアの負の相関」という誤解を競争力というモデレータを持ち出すことで健全な正の関係を見出すとともに，CSが表の品質力として企業価値の代用尺度になることも立証した．

以上のような第4章までのCSの科学的，横断的分析をとおして得られた知見を要約する言葉として，本書では「生産文化」という言葉を用いた．ものづくりにおいて欧米のモジュール型に対して日本が擦り合わせ型が得意とよく言われることを敷衍し，CSや顧客価値，その生成メカニズムが国や地域の文化に大きく依存しているというものである．これは商品設計や品質を文化に合わせてカスタマイズするという一方向的なものでなく，日本的な感性文化が世界で受け入れられるというような双方向なものである．また逆に日本国内で起こったガラパゴス化という現象も生産文化の一側面である．

このような生産文化の視点も踏まえて，第5章，第6章では，表の品質力としての5つの顧客価値創造の戦略を，理論と事例を織り交ぜながら提起した．それは，①適正品質と差別化軸の転換，②品質差の見える化，③情緒的価値を引き出すワクワク経験品質の創造，④良性ガラパゴス・日本感性を売り出す，⑤ブランド・企業イメージ向上戦略，の5つである．特に前述したように情緒的価値を生み出すことが表の品質力に直結することから，これらの背景には，いずれも顧客が経験したい"コト"をいかに盛り込むか，という"ものコトづ

くり"の発想が基盤にある．言い換えれば，生産文化的な視点に目を向けさせ顧客価値創造を実現する発想こそが"ものコトづくり"であり，それは顧客価値という顧客自身も未知な目的情報のもとで，それを実現する環境情報も不完全な状況のなかで，目的確定と解探索をカップリングしながら行わざるを得ない共創的アプローチである．

そして最後の第7章では，本書の締め括りとして，文化の研究で世界的に知られているホフステードに始まり，日本の文化研究を精査し，日本文化の重層性を基軸として，インスティテューショナル集団主義，現実主義，相対劣位の感覚という三大特徴を抽出し，文化に加えて価値観の調査結果でそれを検証し，消費者・企業双方の品質にかかわる現象に説明根拠を与える．高度成長時代の厳しい消費者とそれに企業の改善努力の成功，そして近年の世界の環境変化への対応に遅れる一方で進行した，商品だけなくビジネス慣行でも見られる日本のガラパゴス化現象は，日本独特の文化にその源泉を求めることができる．逆にこの文化を掘り下げることによって，そこからの脱却の道が見えてくる．これまでの品質に関する道筋の理由づけと，現在の停滞を打ち破る日本文化を知り，認識することでその方策を探るものである．

今や，あらゆるものをつなぐIoT(Internet of Things)が喧伝されている．そのシナリオのなかには顧客の行動を把握するビッグデータから価値創造ということも謳われている．果たしてそうであろうか．例えば，1日1,600人，5,000万件のPOSデータを活用し，週100品目という商品を入れ替え，プライベートブランド商品を開発投入し成功しているセブンイレブンでは，2,000人ものOFC(オペレーション・フィールド・カウンセラー)を抱えている．彼らが市場，顧客，店舗の生の声を聞き，そこから"共創"発想にもとづく仮説を立てPDCAを回しているからこそ，成り立っているものであり，POSデータはその結果の検証でしかないという．言い換えれば，VOC(顧客の声)などのビッグデータの活用の時代こそ，人の役割としての共創発想的なアプローチが求められているのである．

最後に，本書の出版を快くお引き受けいただいた日科技連出版社の田中健社

長，戸羽節文取締役，鈴木兄宏氏，特に鈴木氏には，実質5カ月と短い期間で出版できた熱意とご努力に，深く謝意を表する．また筆者の研究室でCS研究の初期を担い現在でも共同研究者である米国ウェバー州立大学のシェーン・J・スワナベルト教授，そして池庄司雅臣博士，武下(旧性荻久保)瑞穂博士を始め，CS研究をテーマにした多くの博士，修士，学部の卒業生の方々に心よりお礼を申し上げる．さらに本書の執筆に際して，改めてアイデアの提供や解析をしていただいた大学院生の藤井薫子，廣川真輝，笠原大資，学部学生の野口和成，奥村光貴の諸氏にもこの場を借りて謝意を表したい．本書が，CS研究の基礎として今後の研究の発展，そして何より実務としての顧客価値創造の考え方として日本の新たな成長に少しでも貢献できることを期待したい．

2015年2月

圓　川　隆　夫

顧客満足 CS の科学と顧客価値創造の戦略
目次

まえがき　*iii*

第 1 章　高品質から顧客価値追求への転換 ……………………… *1*
1.1　工業化社会におけるイノベーションとその後のイノベーションのジレンマ　*1*
1.2　表の品質力と裏の品質力　*7*
1.3　表の品質力のための現在の 8 つの課題　*10*
1.4　CS と表の品質力　*19*
1.5　CS 向上のための KPI と品質設計　*25*
1.6　表の品質力の革新のための組織・人の改革：新デミングサイクル　*29*

　参考文献　*31*

第 2 章　CS の生成メカニズムとその応用 ……………………… *35*
2.1　CS の概念と測定尺度　*35*
2.2　期待−不確認モデルとその拡張　*37*
2.3　世界 8 カ国・地域の 15 の製品・サービスの CS 調査にもとづく CS の基本統計値　*39*
2.4　CS の生成メカニズムの検証：企業イメージが知覚品質に先行　*47*
2.5　経済状況が与える CS へのバイアス　*53*
2.6　世界の CS に見る国・文化によるバイアス　*57*
2.7　CS と不確実性回避の負の関係は個人レベルでも成立するか　*59*
2.8　人口学的属性，不確実性回避文化，どちらが CS への影響が大きいか　*64*
2.9　機能充足度と CS：高性能・高品質の限界　*65*

参考文献　*69*

第3章　CSからの消費者行動の派生メカニズムと経営成果 …… *71*

3.1　マーケットシェアとCSは負の相関か　*71*

3.2　景気観バイアスを取り除いて初めて企業努力を反映したCSの経営成果が発現　*78*

3.3　CSからロイヤルティへ：やはり著しく大きい企業イメージの影響　*85*

3.4　ロイヤルティへのスイッチングコストの影響　*90*

3.5　日本人は良い口コミを控え，悪い口コミをする　*94*

3.6　ヘドニック（情緒的）価値はユーティリタリアン（実用的）価値を凌駕する　*97*

参考文献　*102*

第4章　ブランドイメージの何がCSへのプラスアルファ効果をもたらすのか …… *105*

4.1　異なるデータセットを用いた企業イメージのCS，再購買意図への影響の再確認　*105*

4.2　企業イメージとブランディング　*107*

4.3　企業イメージの何がCS，再購買意図に影響を与えるのか：アウトスタンディングイメージ　*109*

4.4　JCSIを用いたブランド分析の補完と整合性　*115*

4.5　アウトスタンディングこそCS，再購買意図を高める企業イメージの源泉　*118*

4.6　アウトスタンディングのなかの個性的・魅力的イメージがCS向上の原動力　*119*

4.7　CSは中長期的にはブランド力を高め，より経営成果との関連性をもつ　*122*

4.8　ブランド力よりもCSのほうが企業価値を反映：CSイコール企業

の無形資産指標　*124*

参考文献　*125*

第 5 章　顧客価値創造のための戦略と方法　……………… *127*
5.1　顧客価値創造のための 5 つの戦略　*127*
5.2　適正品質と差別化軸の転換　*130*
5.3　グローカリゼーションと生産文化　*134*
5.4　品質差の見える化　*141*
5.5　ワクワク経験価値の創造：ものコトづくり　*144*
5.6　ものコトづくりの事例とエコシステム：BtoB から BtoC へ　*148*
5.7　ものコトづくりのための経営と人材育成　*153*

参考文献　*157*

第 6 章　良性ガラパゴスのシステム化とブランド戦略の
　　　　　強化 ……………………………………………… *159*
6.1　エレクトロニクス製品だけではないガラパゴス化現象　*159*
6.2　消費者から見えないガラパゴス化とその正体　*161*
6.3　良性ガラパゴスと悪性ガラパゴス　*164*
6.4　良性ガラパゴスをシステム化して世界に売り出そう　*167*
6.5　情緒的ワクワク感の創造と日本的感性　*170*
6.6　顧客価値創造のブランド戦略　*173*
6.7　ブランド力は表の品質力　*177*
6.8　グローバル市場における COO 効果とその戦略　*178*

参考文献　*180*

第 7 章　日本文化と品質・ものづくりのマネジメント，
　　　　　そしてこれから ………………………………… *181*
7.1　世界のなかの日本文化の特徴　*181*
7.2　高不確実性回避性向が品質を磨いたのか　*185*
7.3　高不確実性回避だけでは説明できない日本文化の重層性と三大特

徴　　*188*

　7.4　価値観70項目の国際調査による日本文化の検証　　*195*

　7.5　日本文化を生かした顧客価値創造へ　　*197*

　7.6　お客様第一こそ日本文化の強み　　*200*

　参考文献　　*202*

付録1　世界8カ国・地域の15の製品・サービスのCS関連調査の質問紙
　　　の一部　　*205*

付録2　世界8カ国・地域の業種別CS関連指標の平均値(10段階評価)
　　　207

付録3　CS関連指標の製品・サービス別国別平均値(10段階評価)　　*207*

付録4　各国のCS関連指標の属性別平均(10段階評価)　　*210*

付録5　国による文化項目の平均スコア　　*212*

索　引　　*213*

第1章
高品質から顧客価値追求への転換

1.1 工業化社会におけるイノベーションとその後のイノベーションのジレンマ

『日本経済新聞』の2014年7月10日朝刊に,国内主要企業の経営者アンケートの企業が備わっていないと考える項目として第1位にランクされているのは,「消費者ニーズをくみ取るマーケティング力」となっている.また『ものづくり白書2013年版』でも(経済産業省他,2013),わが国ものづくり産業復活の方向性の第一として,顧客や社会のニーズと直接つながるものづくりが謳われている.なぜこのように高品質でなく,消費者ニーズや顧客価値ということが今言われているのだろうか.まずそこに至る途を振り返ってみたい.

高度経済成長時代の日本の製造業は,顧客指向の掛け声のもとでTQC(全社的品質管理)という組織的品質改善アプローチを生み出すとともに,当時市場の大半を占めた欧米市場を席巻した.そして先進国への輸出により1980年代には,日本製品の"高品質・高信頼性"の名声を世界に轟かせた.同時にそれを実現させた"品質力"の源泉であるQCサークル,日常管理,機能別管理,方針管理などの方法論からなる日本的な品質管理,すなわちTQC(現在のTQM)やデミング賞などの品質賞制度が,JIT(ジャスト・イン・タイム)とともに世界中からベンチマーキングされることになる.

例えば,よく知られているのはレーガン政権下の1987年に創設された米国のマルコム・ボルトリッジ国家品質賞であり,その後欧州品質賞など,世界各

国に品質向上を奨励するための品質賞が創設されている．同時に本書の主題である企業の顧客満足度（Customer Satisfaction：CS）を定期的に国レベルで測定し，それを公表することで企業の品質向上を刺激する制度が生まれた．その代表例が 1994 年に始まった米国の ACSI（American Customer Satisfaction Index）(Fornell 他，1996) である(**2.2 節**を参照)．これについてもその後世界に広がり，約 10 カ国で実施されている．

　TQC や JIT についても，それから 20 年以上経過した現在でも世界のものづくりの現場で目標とされる"リーン＆6 シグマ"につながっている．リーン（贅肉のないという意味）とは，JIT あるいは TPS（トヨタ生産方式）がベンチマークされて誕生した用語である．5S（整理・整頓・清掃・清潔・躾）や Kaizen に始まり，かんばん，シングル段取，ムリ・ムダ・ムラ，など多くの日本語が世界中でそのまま通用する．一方，6 シグマは，日本の TQC が TQM と呼ばれるようになり，米国流にプロジェクト方式にカスタマイズされて生まれたものである．ここで 6 シグマのシグマは，もともとは品質のばらつきを表す標準偏差であり，平均と規格までの幅が標準偏差の 6 倍，すなわち 6 シグマ，それは対応する不良率が百万分の 1 以下で，そのような高品質を目指す活動として命名されたものである．品質改善をリードする資格者は"ブラックベルト"と呼ばれるように，日本生まれの匂いを残している．

　言い換えれば，日本のものづくりは工業化社会においてオペレーションズマネジメント上の QCDES（品質，コスト，納期，環境，安全），特に高品質や短納期のためのイノベーションを引き起こしたといえる．ここでオペレーションズマネジメントとは，「企業経営の中核をなす製品やサービスを効果的・効率的に創造するための生産システムのマネジメント」と定義される（例えば，圓川 (2009a)）．そしてオペレーションとは，製造，開発の業務（調達，販売そして物流なども含むが，ここでの主な対象は製造・開発）を指す．

　図 1.1 は，1989 年から始まり，経済パフォーマンス，政府効率性，ビジネス効率性，インフラストラクチャーの 4 分野，約 300 項目の評価から総合ランキングを算定し毎年公表される約 60 の主要各国の産業競争力である IMD 国際競争力ランキング（スイス国際経営研究所）の推移である（IMD, 2003-2014）．1993 年まで日本は堂々の首位にランキングされていた．まさに不良が少なく

1.1 工業化社会におけるイノベーションとその後のイノベーションのジレンマ　3

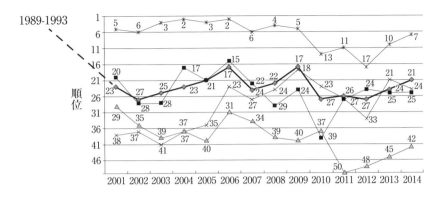

図 1.1 IMD 国際競争力の総合，4 分野のランキングの推移

高信頼性製品を短納期に供給できる高品質を生み出す力が，実際の顧客にも受け入れられるという競争力に直結していたということである．

ところが，バブル崩壊後，工業化社会から情報化社会，そして金融資本主義の流れに対応して，世界の競争力の背景となる規範が，「個人がリスクをとる制度・文化」，「海外へのオープンさ」の 2 つを軸とするものに変化するなかで，急激に順位を落とした．現場レベルでの競争力では，前述の"リーン＆6シグマ"という言葉にあるように，今でも世界から尊敬されている．その実践では今でも圧倒的な強さをもつと思われるのに，グローバルな市場の台頭と競争環境の変化とともにその勢いを失い大きく順位を下げ，2000 年に入ると 20 位台に低迷している．2010 年にはアジアの国々にもごぼう抜きされてしまう．何が起こったのであろうか．

表 1.1 は，4 分野における日本の強みと弱みの項目を抽出したものである．年によって若干異なるが，大きくはこの 10 年間ほとんど変化は見られない．要するに，前述した現在の競争力の源泉であるオープンさや個人でリスクをとるということに対して，ともすれば規制に守られ個人でリスクをとることを嫌う性向や制度が，競争力浮上の足かせになっているのではなかろうか．

なお，同じく世界の国の競争力ランキングにはスイスのダボス会議で知られる世界経済フォーラム（WEF）が発表するものがある．2014 年では，対象の 144 カ国中日本は，スイス，シンガポール，米国，フィンランド，ドイツに次

表 1.1　IMD 国際競争力の 4 分野の日本の強み・弱み

	経済パフォーマンス	政府効率性	ビジネス効率性	インフラ
強み	消費者物価インフレ率 輸出額 海外直接投資額	解雇コスト(低い) ジニ係数(所得格差) 消費税率(低い)	CS 重視の経営 労使関係 社会責任	平均寿命 研究・開発比率 環境技術
弱み	海外からの直接投資 生活コスト指数 貿易額(対 GDP)	政府累積債務 法人税率(高い) 政府ポリシーの不明確さ	起業化精神 海外へのオープンな文化 国際経験	携帯電話コスト 言語スキル 高齢者比率

いで第 6 位である．WEF の競争力とは「国家の生産力レベル」と定義され，IMD のほうが現在の"勢い"や競争力を生み出す源泉である「制度の適合性」を示すのに対して，過去の蓄積を含めた現在の生産力レベルの実力を反映しているものと思われる．

　バブル崩壊後，工業化社会から情報化社会に移行したことに伴いものづくりの競争の軸も変化，ものづくりでは圧倒的なコスト競争力に勝る中国を中心にした新興国が大きく台頭，その一方で市場という面でもボリュームゾーンと呼ばれる巨大な新興国市場が出現というグローバルな競争環境が大きく変化し，また現在でも変化し続けている．これに対して日本国内における少子高齢化による需要の伸びが期待できないなか，急速な海外生産・販売へのシフト，あるいは 1999 年の派遣労働の原則自由化による非正規社員の急速な増大といった雇用環境も大きく変化した．この環境変化のなかで，高品質・高信頼性を追求した日本モデルは，それだけでは競争力になりえず，時代の流れとの離齬を来し長らく閉塞した状況に陥ることになってしまった．

　言い換えれば，バブル崩壊後の 20 年間，日本のものづくりは「イノベーション(原著ではイノベーター)のジレンマ」に陥ったといえないであろうか．クリステンセン(2012)によれば，イノベーターのジレンマとは，リーダー企業の失敗は従来の大手顧客に効率的に応えるようになり，新規顧客ニーズを見逃す，というものである．図 1.2 に示すように，その間台頭してきたボリュームゾーンと呼ばれる新興国の中間層(年収 5,500 ドル以上)からなる膨大な市場の取り込みが，欧米や韓国企業に遅れをとってしまった．この市場は今でも増加し，日本の人口減とは反対に，2020 年には 20 億人の市場を形成するといわれる．

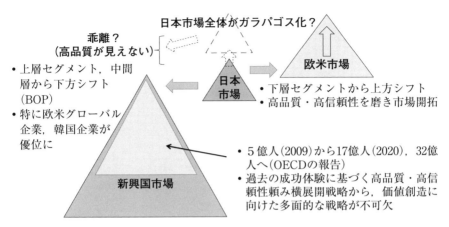

注） 新宅純二郎(2009)：「新興国市場開拓に向けた日本企業の課題と戦略」，『国際調査室報』にもとづき加筆．

図 1.2　イノベーションのジレンマとボリュームゾーンの台頭

　日本国内や欧米先進国の市場で，高品質，高性能，高信頼性で成功を収めた体験から，国内市場の変化に加えてそれとは異なるニーズもつ新興国市場に対しても，過去の成功体験を捨て切れなかったということである．しかしながら一方で，**表 1.1** のビジネス効率性の強みで示すように，今でも日本企業は世界 No.1 の顧客満足，すなわち CS 重視の経営を実践している．**図 1.3** は，IMD 国際競争力ランキングのなかの「CS 重視の経営」の過去 10 年間の順位を示したものである．

　一見してわかるように，CS 重視という意味では日本は常にトップの位置にある．「CS 経営」という用語は，1950 年代のドラッカーのビジネスの目的を，「利潤」ではなく「顧客創造」にこそ求められるべきという発想に端を発すると思われる．しかし，その実践は，むしろ 1970 年代からの「マーケットイン」，「顧客指向」，そして「次工程はお客様」という掛け声の下で展開された日本の TQC 活動がリードした．ただし，CS という言葉が全面に出てくるのは 1980 年代の米国ゼロックス社が，CS をベンチマーキングしたマネジメントを嚆矢にすると思われる（例えば，小野(2010)）．なお，木暮(1990)によれば，品質管理の分野では，1956 年の *Harvard Business Review* 誌に掲載された，書籍 *TQC*(日本語版は『総合的品質管理』)で著名な A. V. ファイゲンバウムの論説

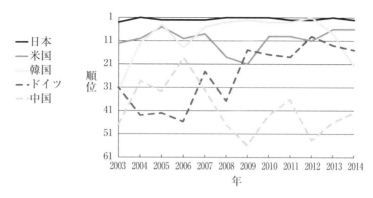

図 1.3　CS 重視の経営のランキングの経年変化

の表題を飾ったデザインに，CS の話が示されたのが最初である（ただし，本文に言及はない），とのことである．

　米国での実践を契機に，日本企業でも特に 2000 年頃から，品質経営，CS 経営を唱える企業が著しく増加する．しかしながら，**第 2 章**で示すように，日本の消費者の顧客満足度は世界一低い．これは文化の要因が大きいが，CS＝高品質，高性能，高信頼性といったイノベーターのジレンマを引きずった供給サイドの思い込みで，掛け声だけの CS になっているからではなかろうか．科学的に CS を測定し，その向上のためにもの言わぬ顧客の声，そして価値発見に徹底的に注力していれば，イノベーターのジレンマから脱却できたはずである．

　日本企業と好対照なのが**図 1.3** で急速に順位を上げている韓国であり，その代表として連想されるのがサムスンである．2000 年頃から GMO（Global Marketing Office）の下で，顧客情報の見える化とそれにもとづくシステムを構築，顧客価値に重きを置き，技術は自前にこだわらず顧客にとって魅力のある商品の供給に注力した．後述するように設計・開発・生産とマーケティングとの一体経営を提唱するが，グローバル市場で真の CS 経営を実践するためには，従来と異なる組織構造や IT の能力をフルに活用したマネジメントが求められる．本書の狙いは，そのための科学的な根拠と実践のための着眼点を与えることである．

　次節では，CS 向上を図るためのメカニズムとして，供給側の品質（裏の品質力）と，それに対して顧客側が感じる品質（表の品質力）の立場から見てみよう．

なお，本書で用いる表の品質力，裏の品質力は，藤本隆宏東京大学教授の表の競争力，裏の競争力という用語に，対応させて用いたものである(藤本，2004).

1.2　表の品質力と裏の品質力

　品質という言葉には，供給側，顧客側の2つの面がある．これまで何度も出てきた"高品質"を目指すというのは供給側の言葉である．また，われわれが品質が良いとか，悪いとか日常的に使うように顧客側の言葉でもある．しかしながら，どちらも主観的であり，供給者が目指した高品質が，本来その目的である顧客側の「品質が良い」ということ，すなわちCSあるいは顧客価値という最終評価に結びついているとは限らない．「品質は良いけど，どうもね……」という不満ではないけれども，"非満足"に陥っていないだろうか．

　そこで，ここでは供給者が目指す品質，それを達成する能力を「裏の品質力」，そして顧客側の満足を達成する能力を「表の品質力」と呼ぼう．ここで表，裏という言葉を用いたのは，本来品質は表，顧客の評価につながってこそ意味があるのであり，近年，供給側の努力である裏の品質力が，表の品質力と離齬を来しているのではないか，という危機感をもっているからである．

　まず裏の品質力を測る尺度として設計品質(quality of design)と適合(製造)品質(quality of conformance)がある．設計品質はネライの品質と呼ばれるものであり，顧客ニーズから供給側として製品・サービスとしての仕組みや方式，さらに諸元の品質特性値や規格として落とし込むものである．その過程で仕組みや方式を成立させ，また品質特性のネライを規格の範囲内に収めるための技術やその開発が必要となってくる．その際，顧客の要求品質と設計品質の橋渡しとして，例えば，QFD(Quality Function Deployment：品質機能展開)のなかの品質表が用いられる．

　一方，適合品質のほうは，設計品質で定められたネライ，例えば図1.4の左側に示しているようなある品質特性について指定される規格(公差)内(上限規格と下限規格)に収められる能力をいう．製造に際して実現される品質特性値はばらつきを伴う．そのばらつきが規格から外れると不良であり，不良とならなくともばらつきはなるべく小さいほうが望まれる．具体的には，適合品質は

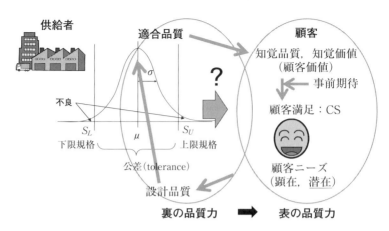

図1.4 裏の品質力（供給側）と表の品質力（顧客側）

不良率や，規格幅を品質特性値のばらつきの大きさである標準偏差σの6倍で割った尺度，すなわち工程能力（process capability）で定義される．無論，不良率は小さいほど，工程能力は高いほど適合品質は高い．例えば，ppmと呼ばれる不良率が百万分の1程度の適合品質を達成しようとするなら，工程能力が1.66以上（**図1.4**で平均値μと規格との幅が5σ以上）であることが要求される．

科学的な品質管理の手法としてのSQC（Statistical Quality Control：統計的品質管理）は，1920年代にまず米国で，そして日本でも戦後，適合品質向上から始まった．品質特性のばらつきのなかから，管理図や4M（Man, Machine, Material, Method）条件を変数とする回帰分析などのツールや層別などをとおして，可避原因によるばらつきを見出して減じ，不良低減，工程能力を向上させるアプローチである．その間生み出された簡易手法であるQC七つ道具と層別を組み合わせた方法は，現場のQCサークルで多く活用され，日本の製造業における品質向上，そしてTQC形成の原動力となった．

しかしながら，多品種化や製品ライフの短縮に伴い，設計品質はそのままという前提で適合品質を向上しようとしても限界を迎える．もともと設計品質に問題があれば，いくら適合品質向上を図っても問題は解決できず，また折角の改善を達成してもすぐにまた新製品の改善に追われてしまうからである．そこで新製品開発時に設計品質を正しくつくり込む源流管理に重点が置かれるようになってきた．

CADやCAEといったコンピュータの活用に加えて，企画・開発・設計の節目ごとに関連部署のメンバーからなるDR(デザインレビュー)の実施，あらかじめ部品・部位の故障モードを想定したうえで対策をとるFMEA(Failure Mode and Effects Analysis)の活用，さらに加工しやすい設計，環境を考慮した設計などのDFX(Design for X, Xにはmanufacturability, environmentなど)が取り入れられ設計品質の向上とともに，開発プロセスの下流で見つかる不具合への対処による手戻り減少による開発期間の短縮にも寄与した．使用の状況下におけるさまざまなノイズやストレスを考慮してそれでも性能を保てるロバスト(頑健)な設計で知られる品質工学も設計品質向上のための有力な方法論である．

そのようにして鍛えられた裏の品質力は，高度成長時代までは比較的に顧客の感じる価値，すなわち，表の品質力につながり，そのことが日本の製造業の国際競争力の源泉となった．ところがバブル崩壊後，高品質といった裏の品質力が，顧客が感じる表の品質力とミスマッチを起こすようになってくる．特にBtoC市場では顧客自身が自分のニーズがわからなくなってきたことなど，その理由は次節で述べるとして，一方で高品質，多機能の成功体験の呪縛による国内だけで高品質・多機能を競った結果，エレクトロニクス製品での"ガラパゴス化"という現象を引き起こすことにつながった．

では，表の品質力とは何であろうか．設計品質をもとに適合品質でつくり込まれた製品・サービスを購入してその使用をとおして顧客が感じるのが「知覚品質(perceived quality)」であり，またその犠牲として支払った価格も考慮して感じる価値が「知覚価値(perceived value)」である．そして，それらをとおして最終的に感じる顧客満足，CSこそ，顧客が最終的に感じる「表の品質力」である．思いがけない感動や喜びといった経験をとおして高い満足につながることこそ「表の品質力」である．知覚品質と顧客満足の間にはそれぞれの顧客がもっている事前期待があり，そのメカニズムと妥当性は**第2章**以降で述べるが，事前期待と知覚品質との不一致の程度で顧客満足が大方決まると一般的にいわれる．事前期待は供給側がコントロールできない外部の経済状況や文化や制度の影響を強く受ける．顧客側からはこれらの経験を経て，次の購買時の顧客ニーズとなる．

ところがこれらの事前期待やニーズは，顧客自身が言葉で表せるというように必ずしも顕在化できるものではなく，顧客自身もわからないままに潜在化している．特に世の中に高品質のものが溢れるようになると，事前期待は高まるものの具体的に何が欲しいのかわからない．そのような状況で一部の顧客の声を出発点とした顧客ニーズから，裏の品質力を発揮して高品質を達成しても，決して高いCSには結びつかないし，せいぜい不満ではないが満足でもないというところに落ち着いてしまう．これが表の品質力と裏の品質力の乖離の源泉である．

1.3 表の品質力のための現在の8つの課題

なぜ表の品質力を発揮させることが難しくなってきたのであろうか．ここでは8つの理由を挙げよう．

① **顧客・消費者自身が何が欲しいのかわからない**

図1.4における顧客側の顕在・潜在ニーズから，供給側の企画や設計品質に変換する過程でのミスマッチ，あるいはギャップである．特に国内BtoC市場では，真の顧客ニーズがなかなか見えない．最近企業側で整備しているVOC(Voice of the Customer)からも捉えにくいものである．これは顧客自身が意識しておらず，それでは満足しているかというとそうではなく，不満ではないけれど満足とはいえない"非満足"という状態である．では何が不足しているのかの問いには，顧客自身も答えられない．

世の中の革新的な製品，例えば古くはウォークマン，最近ではiPadやiPhoneは，顧客のライフスタイルまで変えてしまうものである．現在のライフスタイルのなかに埋没し，革新する技術や手立てをもたない状況では，顧客自身が顕在ニーズとして想起することが困難である．さらに，CS自体が"期待"との差で決まる相対的なもので，期待自体は回りの経済状況などの外部の影響を強く受ける．だからこそ，本書で提起する「顧客を徹底的に観察し，顧客の思いもつかなかった感動を与えるコトづくり」の発想が重要になってくるのである．

もう一つの理由は，VOCそして特にCSデータの収集がされても，それが場当たり的であったり，系統的な分析ができるような体制ができていないということである．筆者も，**第2章**で紹介するような筆者らのCSの研究において，いくつかの企業からCSデータから潜在ニーズを引き出すための分析依頼を受けたことがある．某大企業の例では，競合他社を含めて毎年専門のコンサルティング会社に委託したCS調査データを保有していた．しかしながら，年によって調査項目やその内容や尺度がばらばらであり，時系列的に整合性がないことから，系統的分析が不可能な状態であった．同時にVOCで得られた情報や分析結果が，アクションをとるべき正しい部署や，ポジションの人に伝わらないという問題もある．

CS経営が叫ばれるなか，実際のCS調査を経年的に整合性のある形式で行い，分析によるPDCAを回している企業は，残念ながら皆無に近いのではないだろうか．

② **多機能疲労現象の罠**

真の顧客ニーズが見えない状況の一方で，供給側の思い込みで高性能，多機能を競い陥った罠が，"ガラケー"と揶揄された日本の携帯電話に代表されるガラパゴス化現象である．その結果，顧客側で起こった現象が多機能疲労(feature fatigue)という現象である(Thompson 他, 2005)．多機能な製品であるのに，限られた機能しか使って(使えて)いない人に起こる心理的な葛藤，不満であり，CSを下げてしまうという現象である．具体的な数値でこの現象を示そう．

図1.5は，後で詳しく紹介する筆者の研究室で行った世界8カ国・地域で実施したCS調査にもとづく，携帯電話における使用機能の個数によるCS(縦軸：10点満点)の平均値を示したものである．特に日本に顕著で，使用機能数が少ないほどCSが低いことが明確に読み取れる．日本ほど顕著ではないが，米国やタイなどの他の国でも同様の傾向を示している．この調査時期は，まだiPhoneが出始めた2010年頃であり，例えば日本の場合，実際の機能の使用個数は1また2が全体の50%を越えている．

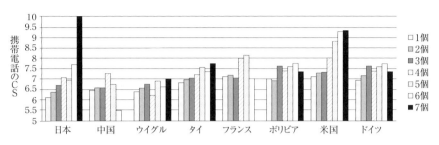

図1.5　世界8カ国・地域の携帯電話の使用機能数とCS(顧客満足度)の関係

　多機能疲労が特に日本で顕著なわけは，競合企業が競って日本国内でしか通用しない多機能，高性能を競ったガラパゴス化によるものと思われる．しかしながら，海外でも同様な現象が起こっているということは，多機能疲労が，それだけ技術進歩に伴い供給側が陥りやすい普遍的な罠であることを示唆するものである．

　それではどのような対応が求められるのか．単純に機能数を絞るというのは逆に危険である．それは「購入時には，消費者は多機能なものを選択してしまう」というよく知られた事実があるからである．したがって，何よりの対策は，自然に操作がわかるようにユーザビリティを高めること，さらにはユーザーエクスペリエンスという言葉があるように，ユーザーも知らなかった使うこと自体がワクワクとした感動を与えることである．携帯電話について使用している端末の企業別にCSを求めると，iPhoneを擁するアップルが，各国で一様に高いCSを示している(図5.13を参照)．これにもコトづくりの発想が求められる．

③　**品質差の見える化の失敗：性能品質に対する無差別領域の存在**

　国内市場では激しい競争により品質や性能には，少なくとも消費者側からは大差ないように見える．繰り返し述べるようにCSは知覚品質と比較標準である(事前)期待の差で決まるといわれてきた期待−不確認モデルに関連して，Anderson(1973)による知覚矯正モデルもよく知られた理論である．

　これは，各人のもつ事前期待に対して実際の客観的評価(知覚品質)が多少低くても高くても，そこから得られる主観的評価であるCSは，事

前期待の水準に引き寄せられるというものであり同化作用と呼ばれる．それが大きく乖離すると驚きとなり，低いときには著しい不満，高いときには感動といったプラスアルファの反応，すなわち対比作用が働くというものである．

　前者の同化作用についていえば一種の自己正当化の心理が働いていると思われるが，多少の客観的評価に対応する品質差があっても，主観的評価である CS は一定であり，差として認識されないことになる．一方，大きな品質差については逆にその差は増幅されて著しい不満や感動を引き起こすことにつながる．

　CS が一定となる領域は無差別領域と呼ばれる．高い性能品質であってもこの領域にある限り，顧客側からは差別化も感じなければ高い CS も得られない．品質差の見える化とは，その無差別領域から抜け出し，品質差が CS の差として反映され，さらに対比作用を引き出す程度の差をいう．日本の国内市場での競争は，各社高品質，高性能であっても顧客の期待も高く，結局は無差別領域内の競争に陥っているのではなかろうか．

　一方，海外，特に新興国市場における新興メーカーとの比較でいえば，品質・性能や信頼性について，"日本品質"と呼ばれる優位性は今でもある．しかしながら，新興国メーカーの追い上げによってその差は縮まっている．たしかに品質・性能は高いほど良いし，新興国市場の期待は国内市場に比べて低いであろう．しかし，問題はその期待と日本企業の品質との差が新興国市場の無差別領域の範囲内にあるのであれば，"そこそこの品質"で十分で，それよりも価格が安い海外の商品のほうが選択されることになってしまう．

　逆に新興国市場で受け入れられている商品の品質レベルは，日本の顧客の無差別領域の範囲外にあり，対比作用からいくら価格が安くても日本市場には入り込めないというのが現状であろう．しかしながら，さらに品質を磨き日本の無差別領域までもってきて，ブランドイメージさえ克服すれば日本市場も席巻するビッグチャンスを手にすることになりかねない．

ここから抜け出すための方策は何だろうか．一つは無差別領域を抜け出す消費者が十分認識できる圧倒的性能で「品質差の見える化」を達成することである．もう一つが，消費者にも客観的に品質差がわかる表示を国や業界レベルで標準化することである．タイヤは既にそのような表示がされている．特に信頼性については，太陽電池についてその動きがあるように，表示に加えて国による品質保証上の法規制に訴えることも方策である．いずれにしても，供給側でいくら品質差を訴えても，消費者にわかるようなレベル差や見せる工夫をしなければ意味はない．

　なお，ここで述べたCSが品質レベルなどの客観的評価よりも個人のもつ期待に左右されるということは，期待そのものが企業イメージによって形成されることと考え合わせると，この後の⑦で述べるブランド戦略の重要性を補完するものであり，次章以降でその事実が検証される．

④　**文化・制度による顧客価値の違い：グローカリゼーションとリバースイノベーション**

　生産文化という言葉がある（伊東，1997）．これは今から約20年前，伊東誼東京工業大学名誉教授が提唱しておられた概念で，世界の国や文化によって好みのデザインや機能のあり方が異なるというものである．高度成長時代と異なり市場もまた供給拠点もグローバル化している．特にバブル崩壊後新興国の市場で日本企業は遅れをとってしまった．そこで得た教訓は，ただ先進国向けのモデルから，単に機能を削ぐことによって価格を下げるという安易な戦略は通用しないということである．

　それぞれの市場において，生活基盤である文化や習慣に根差したニーズや好みがあり，さらには国ごとにさまざまな制度やインフラの違いもある．したがって，それらを考慮したデザインや機能設計が求められる．また，それを低価格で実現しようとすれば，設計思想の根本的なパラダイムシフトも求められる．

　それに対する最初の対応が，欧米グローバル企業が打ち出したグローカリゼーションという概念である．これはグローバルとカスタマイゼーションの合成語であり，グローバルなブランドのプラットフォームを基本として，市場ごとのニーズをカスタマイズした仕様の提供を意味する．

1.3 表の品質力のための現在の8つの課題

日本　　韓国　　タイ　　米国　グアム　ドイツ フランス

図 1.6 パンテーンのシャンプーのデザイン，サイズ，機構などの違い

図 1.6 の写真は，シャンプーの例であり，グローバルブランドである P&G の「パンテーン」について国によるデザイン，サイズ，機構を比較したものである．なお，国やブランドをより拡大した詳しい説明は，5.3 節で取り上げる．

写真からわかるように，同一ブランドでも，容器のデザイン(色遣いも)，形状，そして大きさも大きく異なることが見てとれる．日本も含めてアジア，特に韓国ではサイズが大きく，逆に欧州では小さい．またポンプの機構は日本，韓国，タイのみに見られるというように，これらは入浴，シャワーといった髪を洗う生活空間の違いを反映したものと考えられる．また色遣いも形状も，特に日本のものが凝ったものになっているように思える．

一方，日本ブランドでは上記のグローカリゼーションのような顕著な戦略は残念ながら見られない．5.3節の**図5.4**に示すように花王の例では，ドイツにおける GUHL があるが，完全なローカルブランドである．

文化や制度の違いへの対応として，グローカリゼーションで十分か，というとそうではない．特に新興国市場への対応のための設計思想として，倹約工学(frugal engineering)がある．これは本書の後半の主題である"ものコトづくり"発想による顧客価値を探求したうえで，最初に"必要のない"(非本質的)コストを避けることを追求(既存製品の特徴を削るだけでは新興国市場では負ける)し，そのうえで異なるセットの製品特徴かつ新興国市場の顧客の望む高品質を提供しようとするものである．

詳しくは**第5章**で述べるが，そのように実現した圧倒的低価格製品は，

先進国における本来の用途とはまったく異なり，それが逆に先進国におけるニッチで新たな用途としてイノベーションを引き起こす可能性がある．それがリバースイノベーションである．例えば，停電が頻発するインドで，GE が開発した電池を電源とするポータブル心電図検査装置は，先進国の病院などで使われるものと比べて 1/10 の価格を実現した．同時に電池で使用可能ということで，救急車での新たな使用の場面を生み出し先進国でも普及した．

　GE における成功をもたらすためには，従来の設計部門だけの責任だけでは困難で，トップの関与の仕方や組織など，マネジメントそのものも革新する必要があろう．ちょうど本稿執筆中に発刊された『日経ビジネス』(2014 年 3 月 31 日号)の特集の見出しは，「アジアファースト　さらば，見せかけの現地化」である．これは急速に拡大するアジア市場に対して，日本人発想の現地化ではなく，今こそアジアを母国市場と捉え直すべく事業構造の転換を促したものである．

⑤　"顧客価値＝コトづくり"発想の欠如

　④の視点をさらに一般化し顧客価値という立場からは，顧客が価値を感じるのは，もの自体ではなく，ものを使って行う(ことのできる)コトにある．いくらもの自体が高品質，高性能，多機能であっても，顧客が潜在的に望んでいたコトを創造できなければ，価値は生まれないし，高い CS も得られない．

　これこそ"ものコトづくり"の発想である．あえて"ものコトづくり"といわなくても，本来"ものづくり"は"コトづくり"であると主張する方も多い．にもかかわらず前述したように，日本企業全体として忘れがちであったのではないだろうか．これを実行するための方法論も新たに必要とされているのではないだろうか．これについては第 5 章で改めて詳しく述べる．

　インドでの電子レンジの話である．日本製は機能も多く性能もいいが価格が高い．ところが価格以上に機能が多過ぎて使い方がわからない．これだけでは多機能疲労の話と同じあるが，インド人の"コト"を観察すると，インドではベジタリアンの割合が多く，当然インド料理をよく

食べる．そのため，よく使う機能は非常に狭く限られており，温度調節や時間の設定よりも，インド料理がボタン1つでできる，これが実にいいらしい．

これは新興国市場の例であるが，国内市場についても同様なことがいえる．このあたりの日本のものづくりへの警鐘として，2014年4月10日の『日本経済新聞』朝刊の記事がある．見出しとして「掃除機トップ10に4機種(海外家電)」があり，「日本勢，消費者目線，反映できず」とある．技術の問題ではなく，消費者を観察すればちょっとしたアイデアで形にできるものが，できていないというものである．

なお，"コト"に着眼する姿勢は事業についてもいえる．マーケティング分野では，事業定義，あるいは事業ドメインをどのように定義するか，扱う対象や"もの"そのものではなく顧客視点，すなわちそれが果たす機能，あるいはコトで定義するほうが持続性，成長性が高いことが指摘されている(例えば，Levitt(1960))．例えば鉄道会社では，鉄道ではなく輸送サービスという"コト"での定義の仕方である．日本企業についても，最近では若林(2012)が実証的な検証を与えている．

⑥ **少子化と高齢者需要の取り込みの遅れ**

新興国の台頭，市場拡大に対して，国内では少子化による人口減，高齢化が進んでいる．日本の人口は2010年をピークに人口減が始まり，同時に65歳以上の高齢者人口の割合も，2010年の23.0%から，2020年の29.1%へと急速に高齢化が進行することが知られている．このような高齢者をターゲットとした商品は，介護サービスなど既に多くあるが，そのことを徹底的に追求した例はあまり聞かない．高齢者の"コト"に着眼することは，これまでにない可能性やビジネスチャンスがあるのではなかろうか(水野，2014)．

これを世界に先駆けて成功させれば，その次にグローバル展開が待っている．他の先進国，そして中国も，2020年の13億7千万人をピークに減少に転じ，日本同様に急激に高齢化が進む．この市場を見逃す手はない．それこそ中国の高齢者の"コト"を観察することこそ，まず求められる．

⑦　ブランディングの弱み

　顧客価値や表の品質力を考える場合，案外重要なのが自社商品に優位性を与えるような，長期的な商品イメージの創造活動であるブランディングであり，その結果としてのブランドイメージである．本書の主題の一つであるCSの科学的な分析結果では，第3章，第4章で述べるように，CSあるいは再購買意図に与える企業あるいはブランドイメージは極めて大きく，むしろその影響度は商品を経験して感じる知覚品質を凌ぐほどである．

　にもかかわらず，日本企業は欧米企業に比べて少し無頓着であったのではなかろうか．欧米企業のなかにはブランド力を維持するために，あえて販売量を抑える戦略をとるところまである．高品質・高信頼性が直接的に表の品質力に結びつかなくなった一方で，ブランドイメージそのものは表の品質力ということである．加えて2012年に中国で起きた反日，日本商品不買や工場破壊活動を経験したように，そのブランドがどこの国かというCOO (Country of Origin) のコントロール戦略も重要である．

　日本の営業はもっぱら販売促進で，マーケティングやブランド戦略の機能があまり強くなかったともいわれている．顧客価値，表の品質力強化のために，設計開発とマーケティング機能の一体化に加えて，ブランディング力強化を訴えることも本書の目的である．

⑧　マーケティング理論への過度なこだわり

　最後に，最終的な売上や利益を確保するために，表面的なマーケティング理論にこだわり過ぎたり，振り回したりするのも表の品質力を損なう一因であろう．1990年代半ばにCSの研究を本格的に始めたとき，研究論文はほとんどが海外のマーケティング関係の論文であり，多くの科学的に立派な論文に出会った．そこで一番驚いたのは，著名なCSのメカニズムに関する研究論文において，考察の部分にCS向上の施策として，「やはり製品の品質を良くすることも重要だ」という一文を読んだときである．CSを高めるには製品の品質（後述の経験品質）を高めることが大前提と思っていた筆者には，その当たり前なことが結論になって

いたことに驚いた．

　要するに，製品品質は，マーケティングの立場からは企業側から操作できる 4P，製品(Product)，価格(Price)，販売促進(Promotion)，流通(Place) の一要因でしかないのである．長らくマーケティング分野の主題として，関係の経済性ということがいわれてきた．既存顧客のほうが販売コストがかからず，CS 向上のみならずさまざまな方策で囲い込むことで利益増大を図ろうというものである．果たして本当だろうか．

　例えばポイント制度で囲い込んでも，短期的に再購買という行動的ロイヤルティに効果があっても，ブランドロイヤルティといった心理的ロイヤルティが得られなければ，他社の追随により再購買の行動も薄まり，少なくとも長期的な効果は得られない．そして何より，前述した既存顧客への思い込みはイノベーションのジレンマを引き起こすことは，高度成長時代の日本企業の成功体験が災いしていることは何度も述べてきたとおりである．

　もう一つ筆者が CS 研究を続けてきた動機として，1990 年初めに「マーケットシェアと CS の間には相関がないか，負の相関がある」という有名な研究がある．これを認めてしまうと，CS 向上の努力をするとシェアが下がる，という図式になりかねない．その結論は表層的なデータとその分析の誤りであって，これについては**第 3 章**で納得のいく筆者らの研究成果を参照されたい．

　いずれにしても誤りとはいえないが，時代により，また製品・サービスにより，消費者側の態度も異なる．それに真摯に対応するには，やはり顧客価値，そしてそれを実現する表の品質力を磨くことしかないであろう．

1.4　CS と表の品質力

　以上，表の品質力のための現在の 8 つの課題について述べてきたが，それらの項目に関連した CS を中心にした因果メカニズムを示したのが，**図 1.7** である．中心に製品やサービスの使用・利用にもとづく顧客個人のなかで起こる心

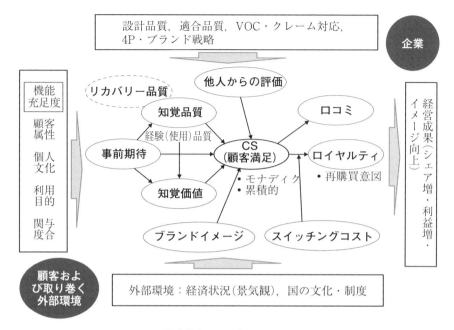

図1.7 CS関連指標の関係とそれに影響する要素

理処理プロセス、そして左、下の囲みの中にはそれらに直接的、間接的に影響を与えると思われる顧客個人、そして顧客を取り囲む外部環境条件が示してある。そして上の囲みには、製品・サービスの供給者である企業側の戦略・方策と、顧客のCSを介して結果的に得られる経営成果が右の囲みに配置されている。

中心部分のCSの左側がCSを決める事前期待、知覚品質、知覚価値などの先行要因（determinantあるいはantecedent）であり、右側がそこから生じる効果（effect）である口コミや再購買意図といった消費者態度を示している。表の品質力とは、結果系として高いCSを獲得し、それが企業側のシェア増や利益増、あるいは企業やブランドイメージが向上することを意味する。

図中、ブランドあるいは企業イメージはCSに向かう矢印があるが、実際にはCSだけでなく知覚品質や再購買意図にも、かなり大きなプラスの影響を与える。この事実は本書で初めて明らかにされるものであり、CSの科学的解明を目指した第2章から第3章に加えて、第4章で詳しくブランドイメージの何

がCSや再購買意図にプラスの影響を与えるのか，具体的なデータをもって分析結果の紹介を行うことも本書の中心課題の一つである．

　CSの先行要因である知覚品質，知覚価値はいずれもCSにプラスに作用する．一方，事前期待は，期待-不確認モデルでは，CSが知覚品質と事前期待との差で決まることから，これが低いほどCSは高くなりそうであるが，一方で事前期待が高い製品・サービスが購入されやすい．さらに前述した同化作用から，事前期待もCSにプラスに働く側面をもつ．実際の調査で事前期待を正確に測定することは困難で，事後的に測定される限り，プラスの関係をもつことがわかっている．さらにCSの先行要因には，直接提供される製品・サービスの使用や経験とは関係のないブランドイメージや他人からの評価といったものも含まれる．

　なお，図中リカバリー品質（正確にはリカバリー知覚品質）とあるのは，製品やサービスに問題があった場合，供給側の対応，処置という追加のプロセスがあり，それに対する知覚品質である．本書では取り扱わないが，リカバリーの迅速さや，対応の良さによっては，問題がなかったときよりも，むしろ高いCSが得られるというリカバリーパラドックスという現象もあることが知られている(Denove他，2006)．

　一方，表の品質力としてCSの向上は，右側の口コミ，再購買などのロイヤルティにつながる．再購買は自らの購買，良い口コミは当該製品・サービスの他者の購買を増加させ，最終的にシェア・利益増の経営成果に結びつく．さらに前述したようにブランドイメージはCSを向上させ，逆にブランドイメージの向上は，次からの購買のときの事前期待やCSに影響を与え，さらに経営成果に再度結びつくといった好循環のフィードバックのループが形成される．このメカニズムのなかで，スイッチングコストはそれが低ければ再購買を抑制するようなモデレータ(調整変数)の役割を果たす．

　また例えば，女性のほうが男性よりもCSが高いことが知られているように，顧客個人の属性や文化特性，また同じ製品・サービスでも利用目的によってCSが異なるというように，モデレータあるいは媒介変数として作用する要因を見出すことは，品質設計やマーケティング戦略上，有意義な情報を与えるものである．さらに，個人のCSにより大きな影響を与える外部環境として，経

済状況や国の文化がある．例えば，

- 国による文化・制度あるいは経済状況によって，事前期待やCSは大きな影響を受ける．例えば，日本の消費者は期待が高く，世界で一番厳しいといわれる．
- 同じ文化であっても，例えば，経済状況が良くなれば事前期待が高くなり，CSは下がり，逆に悪くなれば，CSは上がる（圓川，2009b）．

　これらの製品・サービス以外の外部要因からもCSが影響を受けることを理解しておくことは，企業の表の品質力の正しい把握や，それをコントロールすることで経営上のプラスの効果をもたらすために必要なことである．

　以上の図1.7の構造，すなわちCSの生成メカニズムや表の品質力への因果メカニズムは，**第2章**，**第3章**，そしてブランドイメージとの関係は**第4章**で，実際のCS調査データやブランド力データを用いて検証することにする．

　一方，実務的にもよく知られた立場からは，CSと製品・サービスを構成する属性やその充足度について，ハーズバーグの動機付け理論に倣い，満足に結びつく属性（あるいは品質特性）と不満は解消するが満足には結びつかない属性がある，という二元的な性格分類がされてきた．魅力的品質－当たり前品質の区分で知られる狩野モデル（狩野他，1984）や，表層機能，本質機能といった属性分類がそれらに相当する．

　図1.8は，よく狩野モデルと呼ばれるものである．横軸に品質特性あるいは属性の充足度，縦軸にCSに相当する満足度がとられて，充足度と満足度の関係が，品質特性によって異なるというものである．図では品質特性が当たり前品質，一元的品質，魅力的品質の3つに分類されている．

　図中の下側の曲線で示すように，当たり前品質とは，その品質特性が充足されても"当たり前"で満足につながらず，逆に不充足ならば不満を引き起こすような品質特性である．例えば，自動車でいえば安全に関する品質特性がこれに相当しよう．一方，図中の上側の曲線である魅力的品質は，それが充足すれば高い満足が得られ，不充足であっても不満にはならない品質特性である．自動車の例でいえば，自動ブレーキやナビなどが挙げられよう．そしてその間に位置するのが一元的品質で，充足度合によって不満・満足が右上がりの線で決まるものをいう．自動車でいえば燃費や走行性能のようなものがこれに相当し

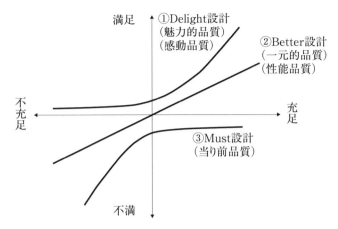

出典) 狩野紀昭，瀬楽信彦，高橋文夫，辻新一(1984)：「魅力的品質と当り前品質」，『品質』，Vol. 14, No. 2, p. 41 を加筆・修整．

図 1.8　狩野モデルと 3 つの設計

よう．

　なお，図には示していないが，もう一つ，あってもなくても満足度に影響しない無関心品質がある．

　図 1.8 には対応した設計の分類として，Must 設計，Better 設計，Delight 設計という用語が掲げてある．この用語は，日本学術会議生産科学分科会における東芝の大富浩一氏による言葉である．Must 設計では，不充足の場合には不満を引き起こすことから，特に品質工学や信頼性工学などを駆使した品質保証を怠らないことが不可欠となる．Better 設計には，製品やサービスのターゲット顧客を考慮した品質目標を設定したうえでの設計が必要であろう．そして Delight 設計こそ，本書の主題である顧客価値の源泉である"コト"発想にもとづくワクワクや感動を引き起こす設計が求められる．無論，無関心品質について設計のなかから外すという決断も重要であろう．

　これに相通じるものとして，マーケティング分野の顧客満足構造研究における有名な理論である機能充足仮説がある．Swan 他(1976)の本質機能(instrumental performance)と表層機能(expressive performance)についての研究である．本質機能とは，「顧客が支払う代価に対して当然受けとると要求している属性」を指し，表層機能とは「顧客が支払う代価に対して必ずしも当

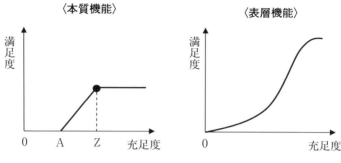

図1.9　機能充足説と満足度の関係

然と思わないが，あればあるにこしたことはない属性」を指している．

　これは本質機能と表層機能がその充足の程度によって総合的な満足度に与える影響が異なるということを示している．どちらか一方が充足されていても総合的な満足度は不満足になるが，図1.9に示すように表層機能の高い評価が満足に，本質機能の低い評価が不満足に影響することを示唆している．つまり，本質機能を高めても表層機能を高めない限り総合的な満足度は満足側の高いレベルで向上せず，同様に，表層機能だけを高めても，本質機能がある水準以上に充足されていなければ，総合的な満足度は不満足側へシフトされてしまう．

　Swan他(1976)は，2つの機能属性に代償作用がないと主張していたが，その後の満足度調査により，表層機能には代償作用が見られるが，本質機能は「一つの悪さであらゆる他の良さをつぶしてしまうため，属性間の代償作用がない」特徴をもち，逆に表層機能は「一つの良さで他の悪さをカバーしてしまうため，代償作用がある」特徴をもった属性である．これは，機能代償仮説と呼ばれる(嶋口，1994)．

　この機能代償仮説が加わることで単に本質機能をある水準以上，表層機能をより高くということだけでなく，本質機能で一つでも不満点が存在すると，たとえ表層機能を含めた他の要素が良くとも総合的な満足度は低くなり，さらに顧客が重視しない表層機能を高めても不満足にはならないが高いレベルで満足度を高めることができないとわかる(ただし，本質機能がある水準以上に充足されているという前提で)．つまり，すべての本質機能をある水準以上に充足させたうえで，顧客が最も重視する表層機能を高めた製品こそが最も効率よく

満足度を上げることにつながる,となる.

さらに,高い CS を引き出すワクワク感や感動は,どこからくるのであろうか.この立場からは,直接 CS 研究にかかわるものではないが,人間工学や感性工学における研究がある.そこでは,製品・サービスのユーザビリティ(usability)を追求する延長として,実用的(ユーティリタリアン:utilitarian)なユーザビリティに対峙して,快適さや楽しさといった快楽的・情緒的(ヘドニック:hedonic)な品質や属性が重要視されるようになってきた.すなわち,製品・サービスの合理的(rational)な機能品質に加えて,特にサービスにおいては感情的(アフェクティブ:affective)な経験を与える品質が近年重視されている(例えば,梅室(2009)).

そのなかで,制御焦点理論(regulatory focus theory)(Higgins, 1998)では,快楽性,あるいは情緒的価値は自己の望ましい状態への接近に導く促進焦点,一方,実用性は望ましい状態を回避する抑制焦点として,前者のほうがよりポジティブな満足感を導くことを示唆している.さらに感情処理プロセスから生じる快楽性は,理性的認知プロセスにもとづく実用性,すなわち実用的価値からの判断よりも,より早い反応を引き出すことなどの研究がある.このような知見を,既往の CS 生成メカニズムに組み込むことによって CS 向上のためのより操作的な知見が得られるであろう.

1.5 CS 向上のための KPI と品質設計

高い CS を実現するような表の品質力を高めるにはどのようにしたらよいのであろうか.そしてそのための企業側の KPI(重要業績評価指標)は何であろうか.それは図 1.4 でいえば,裏の品質力である供給側の設計品質や適合品質に相当するものであり,それらをブレークダウンした指標ということになる.適合品質についていえば,製品では,工程能力,そしてその結果としての不良率,さらに故障率あるいは信頼性,製品でも設備では可動率やライフサイクルコストなどが挙げられよう.

ではネライの品質である設計品質についてはどうであろうか.それに対応したものが,消費者側の要求やニーズから抽出した評価因子と呼ばれるもので,

後述の品質表の品質特性に対応させることで具体的に設計に結びつけることができる．

例えば，秋庭他(1986)は，消費者が製品を評価する場合，個々の品質要素で判断しているのではなく，それらの複合体であるいくつかの観点によっているとしている．それが評価因子であり，例えば，冷蔵庫の場合には，基本性能，操作性，保全性，保守性，経済性，設置性，嗜好性，付加機能，弊害機能が挙げられている．そして，そのときどの評価因子が魅力的品質あるいは Delight 設計に相当するものかは，製品の進化に伴い，

　　基本性能→保守性→操作性→設置性→嗜好性→付加機能

のように推移し，またサイクルを描くというものである．

顧客の"コト"からまったくの新製品が出現したとき，最初はそのコトを実現する基本性能こそ Delight 設計であり魅力的品質である．やがてそれが定着すると魅力的品質は右の評価因子にシフトし，最後に付加機能に行く．そうするとやがて顧客の"コト"を革新する基本性能に魅力的品質が戻るというように，サイクルを描く．

また，サービスの分野での評価因子に相当するものとしてよく知られたものに，サービスと品質の合成語である SERVQUAL の5つの品質次元が知られている(Parasuraman 他, 1988)．信頼性，対応性，確実性，共感性，有形性の5つである．SERVQUAL 自体は，品質設計への橋渡しというように，信頼性5項目，対応性3項目，確実性3項目，共感性4項目，有形性5項目といったそれぞれの次元を構成する質問項目があり，7段階のリッカート尺度で対象サービスの満足度を測定するツールとして広く用いられている．

一方，実務の世界では，顧客の要求を設計品質につなげるツールとして，品質機能展開(Quality Function Deployment：QFD)がよく知られ，広く用いられている(例えば，大藤(2010))．QFD とは，JIS Q 9025 では，「製品に対する品質目標を実現させるために，様々な変換及び展開を用いる方法論」と定義され，図 1.10 のようなマトリックス形式で，顧客ニーズに対応する要求品質から出発し，設計品質を構成する品質特性へ，そして部品や工程へと，それぞれの関係を示したうえで，要求品質からの関連と重要度が，工程能力に対応する適合品質や管理のための QC 工程表まで展開される．これにより顧客の要求を

1.5 CS向上のためのKPIと品質設計

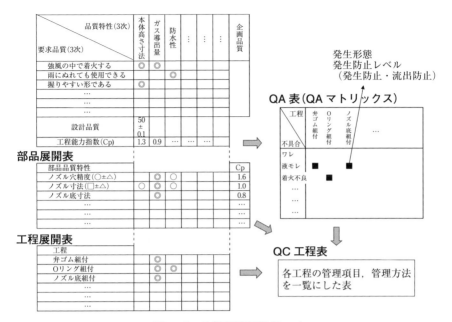

図1.10 品質機能展開(QFD)

実現するための技術・コスト・信頼性の課題が抽出され，ボトルネックの早期抽出につながることから，特に新製品開発における品質つくり込みを目的として用いられている．

QFDのなかで，顧客の要求やVOCを設計品質に変換する部分は，特に品質表と呼ばれ，「要求品質展開表」と「品質特性展開表」をタテ，ヨコに用いて二元表の形式がとられる．**図1.11**は，ゲーム機の品質表の例である．

行の要求品質と列の品質特性の間に関連の大きさが，◎，○，△で示されている．例えば，これを3，2，1と定量化し，顧客側からの各要求品質の重要度が与えられれば，これと関連度の積和が，各品質特性の下側の欄にある設計品質ポイントとして，数値が算出される．当然のことながら，これが一番大きいものが，顧客の要求の立場から設計品質として重要な品質特性となる．そこから，部品，工程にQFDを展開することによって，技術や部品，そして工程上での問題や課題を検討することができる．また横に展開すれば，要求品質ごとに他社比較をとおして，企画品質の決定にも使われる．

しかしながら，問題は要求品質そのものはVOCなどから，企業側が設定す

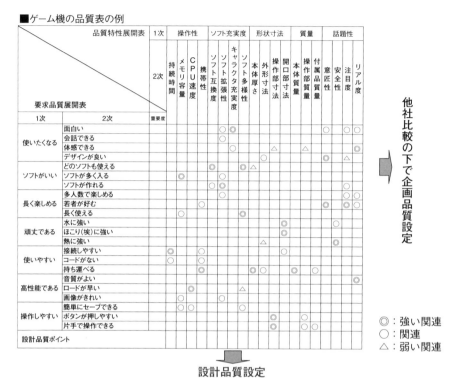

出典） JIS Q 9025：2003「マネジメントシステムのパフォーマンス改善—品質機能展開の指針」をもとに作成．

図1.11　ゲーム機の品質表

ることにある．前述した表の品質力の課題で述べたように，真の顧客ニーズがわからない状況，特にまったく新たな商品の場合にはこのままではあまり有効ではない．さらに要求品質を羅列しても，顧客価値を生み出すコトや経験を表現するには限界がある．前者は，後述の"ものコトづくり"の問題であり，後者については，QFDの研究からも，ここに顧客の経験価値を想定できるWhen，Where，Whoという枠組みでシーンをもってくるという提案もある．

いずれにしても，CS向上と企業側のKPIを結びつけるためには，ワクワク品質，経験品質といった生成メカニズムの解明と，それにもとづく"ものコトづくり"の発想法，方法論の開発が必要であろう．

マーケティングの分野でも，理性的な消費者は機能的製品特性にもとづいて

便益を探索するという前提に立つ伝統的マーケティングから，それよりも消費者が情緒的な経験価値を求めて生活する人間であるという立場からのマーケティングを考えるべきという主張がある．経験価値マーケティングという用語や概念も既に存在している(シュミット，2000)．

なお，"コト"ということでは，サービスはもともと"コト"の提供であった．製品であっても"コト"の要素があり，近年"コト"，すなわちサービスの要素のほうが重要であることは2000年頃からアカデミックな世界ではいわれてきた．

製品とサービスの違いについては，通常の有形製品と異なる点として，サービスは，形がない(無形性：intangibility)，生産と消費が同時に発生する(同時性あるいは不可分性：simultaneity, inseparability)，品質を標準化することが難しい(異質性：heterogeneity)，保存ができない(消滅性：perishability)といった特性がある，などの研究が行われきた(例えば，Lovelock(1983))．

サービスの質を測定する手法としてよく知られたものに前述したSERVQUALがある．SERVQUALは，サービス固有の顧客の期待と経験のギャップを測定する手法であるが，その後，Vargo他(2004)によるサービス・ドミナント・ロジック(Service Dominant Logic，その対立語が，Goods Dominant Logic)が発表されて以来，有形物である財もサービス提供の一手段という流れが一般的となる．すなわち，程度の差はあれ製品にもサービスの要素があり，本書の主題であるものコトづくりの"コト"は，サービス提供そのものとも考えることができる．

1.6　表の品質力の革新のための組織・人の改革：新デミングサイクル

　表の品質力である顧客価値創造のためには，手法よりもむしろマーケティングを含めた設計・開発のマインドセットの革新が何より必要であろう．これについては**5.7**節や日本文化も踏まえた最終章の**7.6**節で詳しく述べるが，顧客価値という目的情報が不完全なままで，それを実現するための解探索とを，同時進行で行わざるを得ない状況では，何より隠れた顧客ニーズに対する共創的

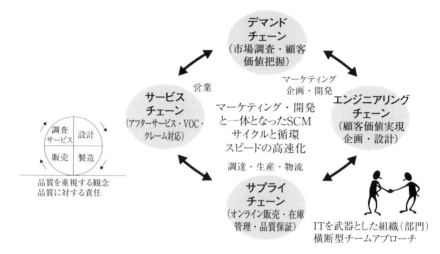

図 1.12　デミングサイクルとこれからの新デミングサイクル

な発想にもとづく解探索が要求される．

　そして，それを支える組織のあり方や，品質マネジメントの基本は，**図 1.12** の左側に掲げる設計，製造，販売，調査・サービスのサイクルを回すデミングサイクルである．しかしながら，現在のデミングサイクルは，一組織ではなくサプライチェーン，バリューチェーン全体にかかわるものでなければならない．加えて前述した共創的発想の下で，IT を駆使したスピーディーなサイクルを回すことが求められる．

　そのような文脈から，新デミングサイクルとして概念化したものが，**図 1.12** である．今や毎週 100 品目も商品を入れ替え PB（プライベートブランド）として製造業と連携した新商品を生み出すセブンイレブンのサービスイノベーション（碓井，2015）を参考に，4 つのデミングサイクルの各要素を，エンジニアリングチェーン，サプライチェーン，サービスチェーン，デマンドチェーンに置き換えたものである．チェーンという言葉には，例えばエンジアリングチェーンでは，従来の設計・開発の権限や責任だけではカバーできない，トップとのかかわりや，CFT（クロスファンクショナルチーム）的な部門横断的，機動的，そして自由闊達さなどの意味が込められている．

　そして何より，日本のものづくりで求められているのはマーケティングとの

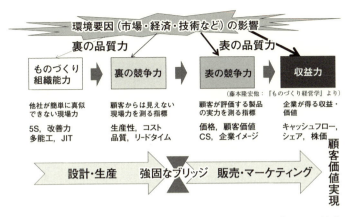

図1.13 顧客価値実現のための販売・マーケティングとの一体化

連携と，情緒的価値に直結するブランド力である．特に第3章，第4章で検証するように企業イメージやブランドイメージは著しく顧客価値やCSにプラスアルファとして影響する．高度成長時代は裏の競争力がそのまま表の競争力に結びついた．今や市場，経済，技術の取り巻く環境要因も大きく変化した．環境要因によってどのような競争力が決め手になるか異なってくる．今やそのウェイトは裏の競争力から表の競争力に大きくシフトしている．

図1.13はその構図を示したものである．強い裏の競争力を生かし，それを顧客価値実現に結びつけるために，設計・生産とマーケティングの強固なブリッジが求められる．そのための具体的な5つの戦略は，続く3つの章でのCSの生成とその効果についての検証にもとづき，第5章，第6章で述べることにする．併せて，なぜ，高度成長時代に成功し，バブル崩壊後グローバルな市場の台頭とともにその勢いを失ったのかを，第7章で日本文化を遡ることによって検証し，そこからの脱却の展望を述べたい．

参 考 文 献

Anderson, R. E.(1973): "Consumer Dissatisfaction: The Effect of Disconfirmed Expectancy on Perceived Performance," *Journal of Marketing Research*, Vol. 10, No. 1, pp. 38-58.

Denove, C. and J. D. Power Ⅳ (2006)：*SATISFACTION: How Every Great Company Listens to the Voice of the Customer*, J. D. Power & Associates.

Fornell, C., M. D. Johnson, E. W. Anderson, C. Jaesung and B. E. Bryant (1996)："The American Customer Satisfaction Index: Nature, Purpose, and Findings," *Journal of Marketing*, Vol. 60, October, pp. 7-18.

Higgins, E. T. (1998)："Promotion and Prevention: Regulatory Focus as a Motivational Principle," in M. P. Zana (ed.), *Advances in Experimental Social Psychology*, Vol. 30, pp. 1-46.

IMD (2003-2014)：*World Competitiveness Year Book*.

Levitt, T. (1960)："Marketing Myopia," *Harvard Business Review*, Vol. 38, No. 4, pp. 45-46.

Lovelock, C. H. (1983)："Classifying Services to Gain Marketing Insights," *Journal of Marketing*, Vol. 47, No. 3, pp. 9-20.

Parasuraman, A., V. A. Zeithaml, and L. L. Berry (1988)："Multiple-Item Scale for Measuring Consumer Perception for Measuring Consumer Perception of Service Quality," *Journal of Retailing*, Vol. 64, No. 1, pp. 12-40.

Swan, J. E. and L. J. Combs (1976)："Product Performance and Consumer Satisfaction: A New Concept," *Journal of Marketing*, Vol. 40, No. 2, pp. 25-33.

Thompson, D. V., R. W. Hamilton and R. T. Rust (2005)："Feature Fatigue：When Product Capabilities Become Too Much of a Good Thing," *Journal of Marketing Research*, Vol. 42, No. 4, pp. 431-442.

Vargo, S. L. and R. F. Lusch (2004)："Evolving to a New Dominant Logic for Marketing," *Journal of Marketing*, Vol. 68, No. 1, pp. 1-17.

秋庭雅夫，圓川隆夫(1986)：『消費者からみた耐久消費財の製品評価』，日刊工業新聞社．

伊東誼(1997)：『生産文化論』，日科技連出版社．

碇井誠(2015)：「サービスイノベーションとSCM/DCM戦略」(第13章)，圓川隆夫編著，『戦略的SCM』所収，日科技連出版社．

梅室博行(2009)：『アフェクティブ・クオリティ』，日本規格協会．

圓川隆夫(2009a)：『オペレーションズ・マネジメントの基礎』，朝倉書店．

圓川隆夫(2009b)：『我が国文化と品質』，日本規格協会．

大藤正(2010)：『QFD——企画段階から質保証を実現する具体的方法』，日本規格協会．

小野譲司(2010)：『顧客満足［CS］の知識』(日経文庫)，日本経済新聞出版社．

狩野紀昭，瀬楽信彦，高橋文夫，辻新一(1984)：「魅力的品質と当り前品質」，『品質』，Vol. 14, No. 2, pp. 39-48.

クリステンセン，C. M. (2012)：『イノベーションのジレンマ 増補改訂版』，玉田俊平太 監修，伊豆原弓 訳，翔泳社．

参考文献

経済産業省・厚生労働省・文部科学省(2013)：『ものづくり白書』，2013年7月10日．
木暮正夫(1990)：「サービス産業とカスタマー・サティスファクション」，日科技連サービス産業における品質管理シンポジウム，pp. 1-22.
嶋口充輝(1994)：『顧客満足型マーケティングの構図』，有斐閣．
シュミット，B. H.(2000)：『経験価値マーケティング』，嶋村和恵，広瀬盛一 訳，ダイヤモンド社．
藤本隆宏(2004)：『日本のものづくり哲学』，日本経済新聞社．
水野雄(2014)：「将来を見通したモノづくり企業の事業展開」，2014年日本IE協会資料集．
若林広二(2012)：『道具としての「事業定義」』，中央経済社．

第2章
CSの生成メカニズムとその応用

　本章では，前章図 1.7 に示した CS の生成メカニズムおよびそれらにモデレータとして影響を与える顧客個人の属性などの条件，そして経済状況や国の文化について述べ，CS から派生する再購買，そしてシェアなどの表の品質力への結びつきについては第 3 章で述べる．そしてそこで重要性が見出された企業イメージの具体的影響の分析は第 4 章で紹介する．

2.1　CSの概念と測定尺度

　CS経営の原点は，1954年P.ドラッカーの『現代の経営』のなかの「ビジネスの目的を，『利潤』ではなく『顧客創造』にこそ求められるべき」という発想に求めることができる(ドラッカー，1987)．しかしながら，米国マーケティングの分野でCSという用語やそのメカニズムの研究が始まるのは，1970年後半であり，その頃 2.3 節で紹介する筆者の研究も始められた．

　一方，企業経営の立場からは，それ以前からわが国 TQC 活動のなかで，「次工程はお客様」，「顧客指向」，「マーケットイン」という掛け声の下で実質的な品質向上の取組みがあったものの，CSを掲げた明示的な企業経営は，1980年代後半の米国ゼロックス社に始まる．それはシェアを失った同社が顧客創造のために CS の目標基準値を設定したうえでのマネジメントの実践であった．

　1990 年代になると，わが国の高品質の名声に刺激されて，品質向上のためのインセンティブ策として，ACSI(米国)に代表されるように，世界各国で国

家レベルで企業のCSを測定し公表する取組みが開始される．2000年代になるとCSマネジメントが，わが国だけでなく，世界中で経営の一つの大きな柱となる．しかしながら，昨今の日本における傾向として，我田引水的な安易なCS調査をして，それを広告・喧伝するような風潮も見られるのは残念なことである．

顧客の製品・サービスに対する満足や不満を調べるCS調査については，VOCやインタビュー調査，あるいはサービス業で用いられる顧客を装い観察するミステリーショッパー法などの定性的な方法がある．これに対して製品・サービスを購入したあるいは使用経験から満足度の尺度を設定した調査票を用意し，CSを定量的に把握する方法がある．本書では，後者の調査票を用いた定量評価のアプローチをとおしたCSの生成メカニズムやその効果の科学的解明を試みる．

通常，満足度を測定するには，非常に不満から大変満足までを，4段階，5段階，7段階，10段階でスケール化して顧客に評価してもらう評定尺度法が用いられる．ここで，あえて4段階といった尺度を用いるのは，満足か不満かを際立たせるために，中間の段階を排除するためである．図2.1は，筆者らが行った15の製品・サービスに対するCS調査を世界8つの国・地域で行ったときに用いたパソコンの総合満足度の測定尺度であり，10段階のリッカート尺度の例である．

まず顧客満足，あるいは顧客満足度であるCSには，実際に製品やサービスを購入・使用した経験にもとづくモナディク尺度(monadicあるいはtransaction-specific measure)と，過去や現在そして将来に対する期待も含めた総体的な企業やブランドに対する印象を問う累積尺度(cumulative measure)がある．モナディク尺度のほうは実務上非常によく用いられる尺度

図2.1　CSの測定尺度の例

であり，図 2.1 に示す尺度もそうである．一方，累積尺度のほうは，CS の関連指標として同時に測定されるブランド（企業）イメージに近いものである．

なお，CS 調査を行う場合には，調査票には CS の尺度だけでなく，知覚品質，知覚価値，事前期待，そして口コミや再購買意図などのロイヤルティ指標，スイッチングコストなどを，当該製品・サービスの仕様や使用条件とともに問うことが多い．付録 1 の Ⅲ にパソコンの質問紙の例を示す．同様に各製品・サービスごとに 1 枚のシートになるように質問紙が構成されている．この場合，自身の使っている，あるいは利用している製品やサービスに関するものであり，企業イメージを除いてモナディク尺度での測定となっている．

またフェースシート部分のⅠ，Ⅱには，回答者ごとに人口学的属性やライフスタイル，文化性向の質問項目が，CS 関連指標の測定の前に配させられている．

2.2 期待–不確認モデルとその拡張

さて，CS，モナディク尺度の CS の生成メカニズムとしては，1970 年代後半（例えば，Oliver(1977)）からマーケティングの学問分野で多くの研究が行われ，そのなかで最も支持されたものが，CS は知覚品質と事前期待の "差"（算術的な差を必ずしも意味しない），すなわち不確認（disconfirmation）で決まるという「期待–不確認パラダイム」という図 2.2 に示すモデルである．その基本形は，実線部分であり，知覚品質と比較標準である（事前）期待との差である不確認によって CS が決まるというものである．それに 1.3 節で述べた同化／対比作用，そして最近では，不確認部分に加えて，事前期待や知覚品質のそれぞれが直接 CS に影響を与える直接効果（点線部分）も存在するという説もある．

図 2.2 の期待–不確認モデルにおいて，事前期待はより一般的には顧客それぞれが有する比較標準を指す．比較標準には理想期待，価格対比期待，そしていわゆる事前期待の 3 種類が知られている．理想期待とは，3 つの比較標準のうち最も蓋然的なものであり，広告や口コミなどの情報を核として形成されるものである．Tse 他 (1988) によれば，知覚品質と 3 つの比較標準の差である不確認と，CS と最も相関が高いのは比較標準に理想期待を用いたものであるという．後述するようにこの理想期待は，経済状況などの外部からの影響，そし

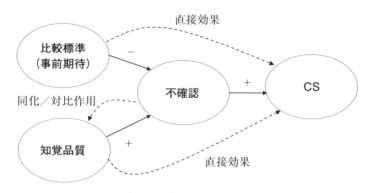

図 2.2　期待−不確認モデルとその発展形

て国の文化の影響を受けることから，CS が受けるバイアスや真の意味を理解するときに，考慮しなければならない着眼点の根拠を与えるものである．

またモナディク指標の期待−不確認モデルの場合，CS の回答にはその製品やサービスの購入動機が価格や販売促進であったときに起こる購入動機バイアス (self-selection bias)，あるいは価格対比期待によるバイアスの存在が指摘される．この影響を緩和するために，開発されたものが，冒頭で述べた ACSI (American Customer Satisfaction Index) である．

CS 研究で知られる米国ミシガン大学 Fornell らにより，その前身である SCSB (Swedish Customer Satisfaction Barometer) に改良を加えることで 1994 年に開発されたものである．図 2.3 に示すような構造をもとに，企業やブランドを対象として CS など計 6 個の変数に関係した 15 の質問に，過去の経験も含めた評価が 10 段階の評定尺度法で測定される．その意味では ACSI は累積尺度での CS ということになる．

選定された企業ごとに約 250 の顧客を対象とした調査によってデータが収集され，そのデータをもとに産業セクター別，そして国全体の CS スコアが各企業のスコアとともに算出され公表される．まず全顧客のデータをプールし，CS スコアは潜在変数として図 2.3 に示す構造をベースとした共分散構造分析モデルにもとづき算出され，それを 100 ポイントスケールに換算したものが各個人の ACSI，CS 値となる (Fornell 他，1996)．これらをその企業の回答サンプルで平均したものがその企業の CS 値となり，売上の重み付き平均をとるこ

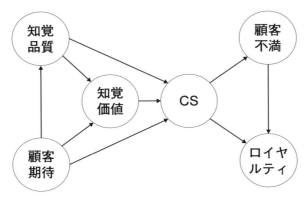

図 2.3 ACSI の CS モデル

とで産業セクター別に，さら産業セクター別の GDP の重み付けで平均をとることで国全体の CS 値が算出される．

1994 年以来，調査・公表は 4 半期ごと，対象産業(セクター)を変えて行われてきた．当初の目的は米国企業や産業，そして米国全体の品質向上のインセンティブを与えるものであった．2009 年にミシガン大学から CS 調査企業としての民間企業に，このプロジェクトは移管され，継続されている．

ACSI とはそれぞれモデルが異なるが，同じく企業に対する品質向上のインセンティブとして ACSI に続いて，ドイツでは GCM(German Customer Monitor)，フィンランド，アイスランド，アイルランド，ノルウェー，スウェーデンの企業を含む EPSI(European CSI)，そして韓国の KCSI，シンガポール，香港などでも同様な調査・公表が行われている．遅ればせながら，日本でもサービス産業を対象に，ACSI のモデルを継承した JCSI が 2010 年より，サービス産業生産性協議会により実施されるようになった(**4.4 節を参照**)．

2.3　世界 8 カ国・地域の 15 の製品・サービスの CS 調査にもとづく CS の基本統計値

これまで CS の調査や研究は，ある国における限られた商品を対象にしたものがほとんどであり，顧客属性を含めた国や文化による違いを，異なる複数の製品・サービスをまたいで明らかにしたデータは皆無といってよい．そこで，

CSの生成メカニズムを検証する前に，筆者らによる日本を含む先進国4カ国，新興国4カ国の計8カ国・地域で15の製品・サービスを対象にした比較的大規模なCS関連指標の調査結果から，CSに関する属性，製品・サービスや国による違いについての基本的な統計値を示しておこう．

以下，随所でこの結果にもとづく分析を紹介することから，そのとき用いた調査票について説明しておこう．調査に用いた質問紙は各国語にそれぞれ翻訳したうえで共通で，①回答者の基本属性，②文化特性に関する質問，そしてメインの部分である，③15の製品・サービスのCS関連指標の満足度などに関する質問，からなる．

取り上げた製品・サービスは，携帯電話端末(以下，携帯端末)，パソコン(以下，PC)，シャンプー，自動車(以下，車)の4製品，携帯電話サービス(以下，携帯サービス)，銀行，スーパーマーケット(以下，スーパー)，ファストフード，病院，美容院の6サービス，自治体，郵便，電力，免許，納税の5つの公共サービスである．図2.4に15の製品のうち，PCに関する質問を例示する．

公共サービスを除いて(CSのみ測定)，回答者が使用している製品・サービスの会社名，利用経験，目的などを質問したうえで，CSに相当する総合満足度に加えて，図2.4に示すような関連した9項目の使用している製品・サービスに対する質問を用意し，10段階(1:全く不満(悪い)〜10:極めて満足(良い))で評価するものである．上から

- 総合満足度(CS)
- 事前期待
- 知覚品質
- 知覚価値
- 他人からの評価
- 口コミ
- 再購買意図
- 企業イメージ
- スイッチングコスト(コスト，手間，時間，リスク)
- スイッチングコスト(人間関係，コミュニケーションなど)

である．2.1節で述べた尺度の分類では，CS，知覚品質，知覚価値の3つがモ

2.3 世界8カ国・地域の15の製品・サービスのCS調査にもとづくCSの基本統計値　41

図 2.4　CS 関連指標の測定のための調査票(付録 1 を参照)

ナディク尺度であり，企業イメージが累積尺度に相当するものである．製品・サービスごとに各1ページにランダムな順序で配置し，使用経験のある製品・サービスについてのみ回答を依頼した．なお，**図 2.4 は初期のものであり，付録 1** に示すようにその後，文化項目，CS 関連指標が追加されている．

2008年3月から2010年2月の間(日本の一部と中国を除き金融危機後)に，日本(首都圏，名古屋圏など)，中国(北京，上海，武漢)，新疆ウイグル自治区(以下，ウイグル；国としては中国に含まれるが地理的にも民族的にも異なるため区別して扱う)，タイ(チェンマイ)，ボリビア(コチャバンバ，サンタクルス，ラパス)，フランス(リヨン，パリ，モンペリエ)，米国(ユタ州)，ドイツ(ヘッセン，バイエルン，ブレーメンなど)の8つの国・地域で配布し，現地の大学などの協力の下で留置調査法および集合調査法によるデータ収集を行った．これらの国を選んだ理由は，国による差，特に先進国と新興国・途上国との差

も見るためであり，以下，先進国として日本，米国，ドイツ，フランス，新興国として中国，ウイグル，タイ，ボリビアに区分する．

表 2.1 に分析に用いる有効回答数について国別，性別などの属性別に仕分けしたものを，また表 2.2 に公共サービスを除く 10 の製品・サービス別の国別有効回答数を示す．属性別では調査拠点の関係から学生の数が相対的に多いが，性別，ここでは示していない年齢別でも一応の世代をカバーしている．同一回答者が複数の製品・サービスに回答しているため累積サンプル数は 60,000 を

表 2.1 国別有効回答数とその属性

国	男性			女性			計
	学生	社会人等	小計	学生	社会人等	小計	
日本	414	421	835	148	488	636	1471
中国	95	254	349	83	204	287	636
ウイグル	120	52	172	175	48	223	395
タイ	65	39	104	156	61	217	321
ボリビア	281	162	443	277	132	409	852
フランス	38	64	102	28	80	108	210
米国	22	249	271	21	221	242	513
ドイツ	522	70	592	231	72	303	895
							5293

表 2.2 製品・サービス別・国別の有効回答数

国	携帯端末	PC	シャンプー	車	携帯サービス	病院	美容院	銀行	スーパー	ファストフード
日本	1,514	1,472	1,411	1,029	1,422	1,323	1,404	1,399	1,400	1,129
中国	607	521	608	130	600	517	613	595	587	352
ウイグル	323	116	392	—注	303	336	352	374	368	340
タイ	323	292	318	158	322	287	290	315	297	248
ボリビア	795	569	807	232	769	470	683	305	399	500
フランス	191	180	196	161	192	182	161	196	175	100
米国	476	490	498	512	492	486	390	511	508	509
ドイツ	785	791	814	456	809	802	774	802	730	607

注) ウイグルでは車の所有が一般的ではないため調査対象から外した．

(1) 国による CS の差

まず全産業の CS について，国別の平均値を示しておこう．図 2.5 はその結果を示したものである．10 段階で測定した CS の値については，比較が容易なように 100 ポイントスケールに変換してある．図から明らかなように各国で非常に大きな差がある．無論，統計的にも高度な有意差を示す．

日本が一番低く，最高の米国とは 15 ポイント近くの差がある．その差については，その国での利用可能な製品・サービスの品質の差もあるが，それ以上に大きな要因は，例えばタイやボリビアのような新興国では比較的高く，後述するようにその国の文化が大きく影響したものである．言い換えれば，日本はたいへん製品・サービスに厳しい文化であり（同時に文化による回答バイアスとも考えられるが），ポーター (2006) も指摘しているように，洗練された品質に厳しい消費者の存在，これが高度成長時代の日本製品の品質を磨いた原動力にもなった．もっとも，これが近年いわれているガラパゴス化現象の一因にもなっているのだが．

(2) 業種カテゴリーによる CS の差

後述するように個々の製品・サービスの CS は，国によって大きく異なるが，製品，サービス，公共サービスという 3 つのカテゴリーで比較してみよう（図 **2.6**）．CS は製品に比べてサービスのほうが低いことが知られているように（例

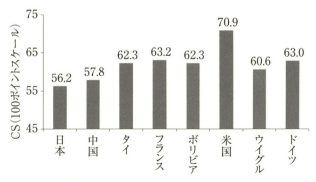

図 2.5 各国の全製品，サービスの平均 CS（100 ポイントスケール）

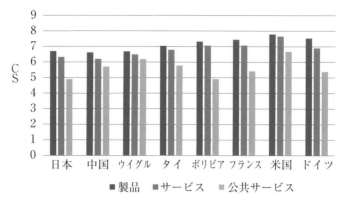

図 2.6　各国の業種カテゴリー別の CS の差

えば，Johnson 他(2002))．各国・地域ともに製品＞サービス＞公共サービスの順であることが，世界に共通していえる．

　平均的にサービスのほうが製品より低いのは，サービス提供プロセスそのものに顧客が関与し，そのために品質上のばらつきが大きく，さらに製品に比べて国際的な競争に晒されにくいことが挙げられよう．公共サービスは最近改善されているものの，このような競争から隔離された参入障壁の高さが，CS が低い理由であろう．

(3)　国による製品・サービス別の CS の差：競争力指標としての相対 CS

　業種カテゴリー別の CS には，各国で製品＞サービス＞公共サービスという共通のパターンが見られたが，製品・サービス別（公共サービスを除く）にはどうであろうか．各国の平均 CS には大きな違いがあるので，各国の製品・サービス別の CS をその国の平均 CS を差し引くことによって（以下，相対 CS と呼ぶ），各国における製品・サービスによる違いがより視覚的に捉えやすくなる．図 2.7 は各国の 10 の製品・サービスの相対 CS を一覧にしたものであり，上に先進国，下に新興国を配置してある．

　一見してわかるように，先進国と新興国では明らかにパターンの違いが見られる．先進国では自動車に代表される製品が比較的高いのに対して，新興国では病院が著しく低い．さらに先進国ではファストフードやスーパーなどの標準化されたサービスが低いのに対して美容院のようなカスタマイズされたサービ

2.3 世界8カ国・地域の15の製品・サービスのCS調査にもとづくCSの基本統計値

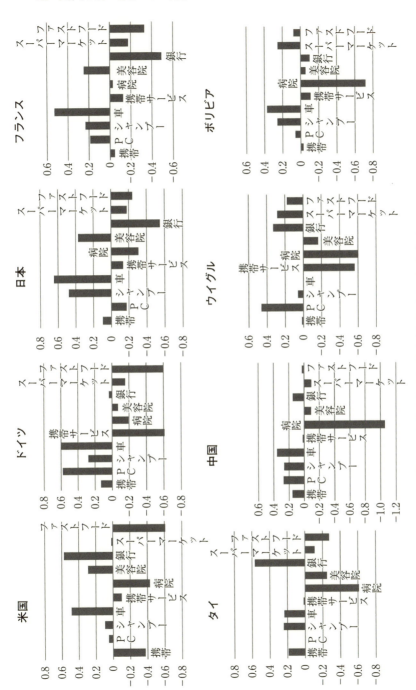

図 2.7　各国における相対CSのパターンの違い

スが高い．一方，新興国では逆の傾向にある．しかしながら一方で，米国では銀行が一番高いのに対して，日本，フランスでは一番低いというような先進国でも違いが見られる．

なかでも日本とフランスはパターンが酷似している．この理由は何であろうか．後述するように文化や制度からある程度説明できるが，面白い結果である．いずれにしても，第3章で述べるようにこの相対 CS の大小は，その国における製品・サービスの国際競争力や国の制度を反映していそうである．

(4) 顧客属性による CS の差：日本では女性のほうが厳しい

次に顧客属性による CS の差の傾向を見てみよう．一般に女性は男性よりも CS が高い，そして年齢でいえば，子供から大人にかけて CS は下がり，中年から高年にかけて CS は高くなるといわれている．図 2.8 は，国別に性別，そ

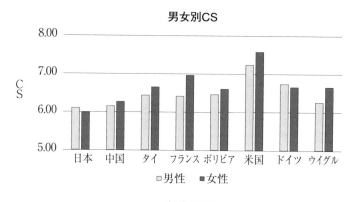

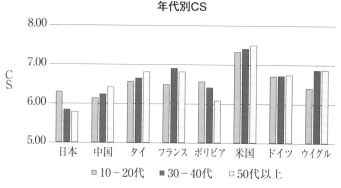

図 2.8　国別の性別，年齢階層による差

して3つの年齢階層によるCSの差を示したものである．

　男女別の図からわかるように，日本そしてドイツを除く各国で女性のほうが男性よりもCSが高く，これまで経験的にいわれている知見と一致する．日本やドイツにおいては，女性のほうが低いという現象をさらに分析すると，後述するホフステード（1995）の4次元の国の文化のなかで男らしさ（男女の役割分担が明確）のスコアが両国とも（特に日本）高いことで統計的に説明される．また日本では女性の内，主婦の層のCSが特に低いようである．このように世界の市場で日本の特殊性がこのようなところからも窺われる．

　一方，年齢階層については，日本だけ学生を中心とする10–20代のCSが高いという傾向が顕著であること，それ以外はボリビアを除いて，高年層ほどCSは高くなるという傾向は支持されるような結果が得られていると考えられる．

　なお，ここではCSについてのみ国別，業種カテゴリー別，顧客属性別の差について述べてきたが，他の指標におけるこれらの差については，**付録2～4**に，そして各国の文化スコアの平均値については**付録5**に掲げておくので参照されたい．

2.4　CSの生成メカニズムの検証：企業イメージが知覚品質に先行

　以上のような準備の下で，CSの生成メカニズムを解明するために，**図1.7**で示したその先行要因である知覚品質，知覚価値，事前期待，企業イメージ（ブランドイメージ），他人からの評価の5つの変数を取り上げ，世界8カ国・地域全体，そして国による違いを見るために同時に各国のCSデータも対象にして，重回帰分析を行ってみよう．また，製品とサービスを層別したものも加えて，その結果をまとめたものが**表2.3**であり，各変数の標準偏回帰係数 β と統計的有意性の度合いを示している．

　表下に示すように，例えば *** は0.1％以下の危険率でその係数が有意であることを示す．なお，分析には，その影響を取り除くためのコントロール変数として，性別，年齢，職業も変数として取り入れたものである．

　まず全体での結果からわかるように，各国とも共通してCSへの影響の大き

表 2.3 世界の CS の先行要因を取り上げた重回帰分析の結果

業種	独立変数	全体 β	日本 β	中国 β	タイ β	フランス β	ボリビア β	米国 β	ドイツ β	ウイグル β
全体	知覚品質	0.50***	0.55***	0.33***	0.40***	0.47***	0.55***	0.47***	0.54***	0.38***
	知覚価値	0.17***	0.17***	0.21***	0.18***	0.12***	0.05	0.11***	0.20***	0.17***
	事前期待	0.00	0.00	0.10***	0.01	−0.04†	0.01	−0.01	0.01	0.00
	企業イメージ	0.18***	0.14***	0.26***	0.19***	0.25***	0.18***	0.33***	0.12***	0.20***
	他人からの評価	0.05***	0.00	0.02†	0.08***	0.07***	0.09***	0.01	0.03***	0.09***
	調整済み R^2	0.62	0.60	0.65	0.55	0.59	0.61	0.71	0.58	0.52
製品	知覚品質	0.55***	0.65***	0.29***	0.35***	0.48***	0.54***	0.63***	0.62***	0.36***
	知覚価値	0.14***	0.08***	0.20***	0.23***	0.10**	0.05**	0.08***	0.20***	0.14***
	事前期待	0.01	−0.01	0.07***	0.01	−0.03	0.03†	−0.06***	0.03†	−0.01
	企業イメージ	0.11***	0.07***	0.29***	0.17***	0.20***	0.13***	0.21***	0.05***	0.13***
	他人からの評価	0.06***	0.01	0.01	0.10***	0.09***	0.11***	0.04**	0.01	0.13***
	調整済み R^2	0.58	0.57	0.53	0.48	0.53	0.54	0.72	0.63	0.38
サービス	知覚品質	0.46***	0.46***	0.35***	0.44***	0.46***	0.56***	0.35***	0.48***	0.38***
	知覚価値	0.18***	0.24***	0.21***	0.15***	0.13***	0.05	0.13***	0.20***	0.18***
	事前期待	0.00	0.00	0.11***	0.00	−0.03	−0.02	0.02	−0.01	0.00
	企業イメージ	0.23***	0.19***	0.24***	0.20***	0.29***	0.23***	0.44***	0.17***	0.23***
	他人からの評価	0.04***	−0.01	0.02	0.07***	0.04†	0.07***	−0.01	0.04***	0.08***
	調整済み R^2	0.63	0.62	0.70	0.59	0.64	0.66	0.71	0.54	0.59

注) 有意確率水準:†$p<.1$;*$p<.05$;**$p<.01$;***$p<.001$.
コントロール変数:性別,年齢,業種.

さは,「知覚品質」の寄与が最も大きく,次に「知覚価値」と「企業イメージ」が同程度の寄与をしていること(米国では特に「企業イメージ」のウェイトが高い),そして日本と米国を除く国で「他人からの評価」も若干ではあるが CS にプラスに寄与していることがわかる.調整済 R^2 で示されるこれらの変数で個人の CS が説明できる寄与率は,米国が 71% で一番高く概ね 60% 程度である.

一方,事前期待については,中国においてのみプラスの効果で有意性を示しているのに対して,フランスでは 10% 有意に過ぎないがマイナスの効果となっている(製品では米国で高度に有意なマイナスの効果).これは既に述べたように,事前期待は CS に直接プラスに働く効果と,期待−不確認モデルにおける知覚品質を介したマイナスの効果が存在し,それらが互いに打ち消しあった結果であり,ある意味で期待−不確認モデルを支持したものといえる.なお,中国の高度に有意な事前期待のプラスの効果は,急速な経済発展と充足能力向上を反映したものと思われる.

次に，製品とサービスに層別した分析を見てみよう．全体では製品に比べてサービスのほうが「企業イメージ」のCSへの効果が大きくなっているといえる．しかし，「知覚品質」，「知覚価値」，「企業イメージ」のウェイトは各国で傾向は異なる．日本では製品について「知覚品質」のウェイトが圧倒的に高く，サービスでは「知覚価値」，「企業イメージ」のウェイトが相対的に高くなる．このような傾向は，先進国の米国，ドイツそしてフランスでも同様である．それに対して，中国，タイ，ボリビア，ウイグルでは，製品よりもサービスのほうが知覚品質のウェイトが高くなっていることが特筆される．

以上の結果から，先行要因それぞれの直接効果としてのCS形成の影響力として，

「知覚品質」＞「知覚価値」，「企業イメージ」＞「他人からの評価」＞「事前期待」

の順にウェイトが高く，これにより約60% CSが決定されるといえる．製品よりもサービスのほうが「企業イメージ」のウェイトが高くなることは世界共通であるが，先進国では「知覚品質」のウェイトは下がり，新興国では逆に高くなる．これらのことは，先進国と新興国での製品戦略において留意しておくべき知見であろう．なお，この結果は次に述べる図2.9の並列モデルに相当し，他のCSの先行要因を経由したCSへの間接効果は含まれていないことに留意しておく必要がある．

さて，これまではCSの先行要因として，知覚品質，知覚価値，事前期待，他人からの評価，企業イメージを独立に並行的にCSに対する影響を見てきたが，ACSIのような先行要因間の構造も検証しておこう．そのためにこれからはパス解析を用いることにする．ただし，ACSIモデルとの関係で，他人からの評価は除いて考えることにする．またパス解析の対象データは，世界8カ国・地域に加えて，同じ調査票を用いて2011年11月，12月に調査を実施したインドネシア（延べサンプル数2,915名，360名）を含めたものである．

まず表2.3の全体のデータを対象とした同じモデルでパス解析を用いてみよう．その結果が図2.9の上側の並列モデルである．

そのときの当てはまりの良さの尺度として，次の3つの指標が示してある．

- モデルの分布と真の分布の乖離を1自由度当たりの量として表現した指

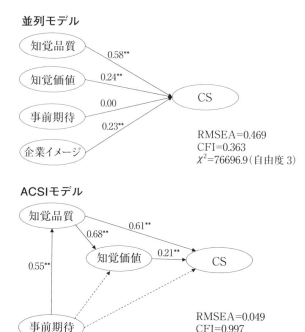

図 2.9 パス解析による CS 生成メカニズムの解明

標で, 0 に近いほど望ましく 0.05 以下であれば当てはまりがよいとされる RMSEA (Root Mean Square Error of Approximation).
- 変数間に相関がないことを仮定したモデルと比較してモデルの適合度がどれほど改善されたかの指標で, 1 に近いほど適合度が優れている CFI (Comparative Fit Index).
- モデルが正しいことを帰無仮説とする検定統計量である χ^2(カイ二乗)値. 自由度 f で割った値が 1 に近いほど, または自由度 f の χ^2 分布の上側 5% 値よりも小さくなることが望ましい. ただし, 大サンプルの場合は大きな値をとりやすいことが知られている.

これらの数値を見る限り, RMSEA = 0.469, CFI = 0.363, χ^2 = 76697 で自由度 3 に比べて著しく大きく, とても満足な適合とはいえない (各要因の CS への標準化パス係数は**表 2.3** の全体の β に類似している).

そこで**図 2.3** で紹介した ACSI のモデルを導入してみよう. その結果が図の

2.4 CSの生成メカニズムの検証：企業イメージが知覚品質に先行

下に示す ACSI モデルである．RMSEA が 0.049 で CFI も 0.997 とたいへん良い当てはまりとなっており，これは ACSI のモデルを肯定するものである．このモデルから，CS に圧倒的に寄与するのは，知覚品質であり直接的な効果 0.61 に加えて，知覚価値を介した間接効果 0.68 × 0.21 = 0.14 を加えれば圧倒的であり，次に知覚価値，そして事前期待は知覚品質を介した間接効果しかないことがわかる．

なお，ACSI モデルにおいて，点線で示す事前期待から知覚価値，CS へのパスはモデルに組み入れられていない．明らかに，並列モデルに CS へのパスが有意でなかったことから無視できるという事実に加えて，これら 2 つのパスを加えるとモデルの自由度が 0 になり，検証不可能になるからである．また矢印に示す係数は，標準化係数であり，**第 4 章も含めて以降も同様である**．

さて，上記の ACSI モデルでは，並列モデルにおいては CS へ有意な影響を与えた企業イメージが欠けている．企業イメージを組み入れたモデルとしては，過去 ECSI（European Customer Satisfaction Index）（Ball 他，2004）があるが，これを組み入れるとすれば，どのようなパスになるだろうか．

ECSI のモデルとも異なり（知覚品質や知覚価値へのパスはなし）一番良い当てはまりを示したのが，予想もしなかった企業イメージを知覚品質，知覚価値，事前期待の前に配し，しかも CS への直接のパスも加えた**図 2.10** に示す企業イメージ先行モデルである．RMSEA も CFI もさらに改善し，特に χ^2 値が 282.0 から 26.1 まで圧倒的な改善を見せている．

さらに驚くべきことに，CS への直接効果だけでなく，知覚品質，知覚価値，事前期待を介した間接効果（それぞれのパスの係数の積で求められる）も加えると，企業イメージの CS への標準化総合効果は，図 2.10 の下のほうに示すように 0.623 となり，知覚品質の 0.615 よりも大きくなる．すなわち，最も CS への影響が大きいのは，知覚品質や知覚価値よりも，企業イメージということになる．

企業イメージの大きな影響と**図 2.9** のような構造は国の違いを越えて共通であるが，その強さは国によって異なる．**表 2.4** は日本，ドイツ，米国，中国の行の指標に対する列の直接効果に間接効果をプラスした総合効果を示したものである．例えば，CS への企業イメージの影響は米国で著しく，ドイツでは知

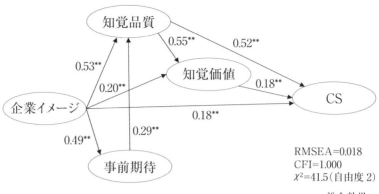

図 2.10　企業イメージ先行モデル

　　　　　　　　　　　　　　　　　　　　　　　　　　　総合効果
企業イメージ → CS　：　直接効果 0.175　　間接効果 0.448　= 0.623
知覚品質　 → CS　：　直接効果 0.516　　間接効果 0.098　= 0.615
知覚価値　 → CS　：　直接効果　　　　　　　 −　　　　 = 0.180
事前期待　 → CS　：　　　 −　　　　　　間接効果　　　 = 0.181

表 2.4　日本，ドイツ，米国，中国による CS へ至る標準化総合効果の違い

		企業イメージ	事前期待	知覚品質	知覚価値
日本	事前期待	0.509			
	知覚品質	0.623	0.353		
	知覚価値	0.488	0.199	0.565	
	CS	0.556	0.231	0.654	0.186
ドイツ	事前期待	0.438			
	知覚品質	0.566	0.323		
	知覚価値	0.399	0.193	0.599	
	CS	0.503	0.213	0.659	0.205
米国	事前期待	0.513			
	知覚品質	0.781	0.252		
	知覚価値	0.692	0.116	0.459	
	CS	0.770	0.130	0.514	0.118
中国	事前期待	0.475			
	知覚品質	0.765	0.243		
	知覚価値	0.745	0.149	0.426	
	CS	0.727	0.212	0.427	0.212

覚品質の効果のほうが大きい．日本もドイツと同様であるがドイツよりも企業イメージの影響は若干大きい．さらに日本に比べて中国も米国同様に CS への

企業イメージの影響は大きい．また各国に共通して企業イメージの影響は，CSよりもさらに知覚品質へのほうが大きくなっている（中国では知覚価値への影響も）．

　いずれにしてもこのような企業イメージの影響の大きさは，言い換えれば，企業イメージというのは前述したようにCSの累積尺度でもあり，この後光効果，あるいは色メガネによって，ある製品やサービスで経験する知覚品質や知覚価値自体も変えられ，最終的なCSに結びつく，といえる．良い企業あるいはブランドイメージは一朝一夕に出来上がるものではないが（悪いほうには不祥事によりたちまち損ねる可能性がある），モナディク，すなわち使用経験にもとづくCSを高めることを継続すること，そして後述する日本企業があまり得意としないブランド戦略ももう一つ重要なことであろう．

　以上のような企業イメージ先行モデルについては，次章で紹介するように，CSからさらにその効果としての再購買意図を加えたモデルでもいえ，本書の重要なメッセージである．

　なお，表2.4には掲げていないフランス，タイ，ボリビア，ウイグル，インドネシアでも，企業イメージが先行するパターンは同じで，その大きさは，インドネシア，タイは日本に近く，ウイグル，フランス，ボリビアはこの順で，日本と中国の中間のパターンが見られた．

2.5　経済状況が与えるCSへのバイアス

　前節のCSの生成メカニズムの立場からは，企業イメージの影響が大きくこれを含まない期待-不確認モデルは必ずしも支持されない．これはある時点での個人レベルのメカニズムであり，CSへの時系列的な経済状況の影響や，国や文化による差といったマクロ的な外的影響を考えるには，期待-不確認モデルにおける比較標準の概念が有効となる．

　CSは高いほど望ましい．また品質などの改善努力が表の品質力にどのように結びついたかも，CSの上昇度で判断される．しかしながら，期待-不確認モデルにおいて，品質向上の結果，いくら知覚品質が上昇しても（残念ながら測定される知覚品質そのものも比較標準に起因したバイアスを受ける），比較標

準そのものが変化してしまえば，単純なCSの前後の値で比較しても真の意味は隠されてしまう．これは，**第1章の図1.7**で示した事前期待に影響を与えている経済状況を指すものである．

図2.11は，期待-不確認モデルにおいて比較標準に影響を与えるものには経済要因と文化要因が代表的と思われ，比較標準が上がると"＋"で示す事前期待を上げ，一方，知覚品質には"－"下げるほうに作用するであろうという仮説を示している．結果的には，CSは知覚品質と事前期待の"差"で決まることから，CSを押し下げるという効果が見込まれる．なお，ここでの比較標準は，消費者は必ずしもすべてを理性的に計算して意思決定するわけではないと考える行動経済学のプロスペクト理論のなかの一つである(Kahneman他，1979)．「価値は参照点(レファレンス・ポイント)との乖離度で決める」ということに相当するものである．

本節では，まず経済要因の影響について見よう．

実際にどの程度の影響を与えるかを，筆者の研究室で1977年から2010年の30年以上にわたりほぼ3年ごとに冷蔵庫，テレビ，洗濯機の家電3製品について12回のCS調査を行った結果を示そう．これは調査年度ごとにそれぞれ50項目程度の5段階(0から4)の品質向上期待度を測定したものである(それぞれの年でサンプル数は約300)．各調査年の製品ごとの全項目，そして全サンプルの平均を算出し，CSの代理変数となるようにそれを4から差し引いた

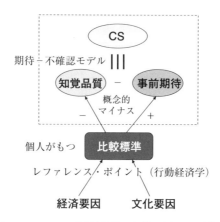

図2.11　CSへの経済要因，文化要因への影響仮説

ものを CS 値とし，それらの経年変化を示したものが，図 2.12 である．図には経済状況，特に景気観の代理変数として対応する年の日経平均株価も同時に示してある．

図から一目でわかるように，CS と景気観には 3 製品に共通して明らかに負の相関があることがわかる．すなわち 1990 年頃のバブルとその崩壊を境として，それまで CS は一貫して下降し，その後上昇という株価とまったく逆の動きをしていることがわかる．また最近では 2004 年からの景気回復で 2007 年に向けて株価は上昇，逆に CS は下降という小さな動きでもその傾向は一貫している．3 製品の CS と株価の相関係数を計算すると，冷蔵庫 −0.894，テレビ −0.863，洗濯機 −0.887 であり，いずれも統計的にも高度に有意な負の相関を示しており，さらに 3 製品の平均の CS では −0.910 となる．

このように景気がいいときには，消費者の心の中で期待−不確認モデルにおける比較標準（期待）が高まり CS を押し下げ，逆に不景気になると期待も控えめになり，相対的に CS は高くなる，ということである．ここで掲げる CS 値を 100 ポイントスケールに換算すると，最高値をとる 1977 年と最低のバブル期には 20 ポイント以上の大きな差が存在する．このことをもう少し考察するために，2007 年までのデータを用いて株価に加え，経済成長やその伸びなど

図 2.12　耐久消費財 3 製品の CS と株価の 33 年にわたる経年変化の傾向

表 2.5 CS の GDP，株価を用いた回帰分析の結果

	偏回帰係数	t 値	p 値（両側）
GDP	6.659	3.676	0.008
GDP $t-1$ 期	-6.485	-3.649	0.008
日経平均株価	-1.276	-9.334	0.000

自由度調整済 $R^2 = 0.916$

の経済状況を表すものとして当該年度GDPそして1年前のGDPの3つの説明変数を用いて，3製品のCSを目的変数とする重回帰分析を行ってみよう．その結果が，表2.5である．

t値の大きさから一番大きな負の影響をもたらすのは圧倒的に株価の負の影響であるが，GDPとは正の関係をもつ．すなわち経済成長による収入の増加など，期待を充足するような経済状況はCSを高める．一方で1期前のGDPの係数は負であるが，正の係数のGDPとほぼ絶対値が同じであり，両者を合わせると1期前からのGDPの伸びが正の効果をもつことがわかる（フランク他，2009）．

このような景気観のCSへの負の影響，あるいはバイアスは，日本だけの話ではなく，海外のCSデータ，すなわち1990年半ばから始まる国家レベルでの企業のCS調査でも同様に見られる．米国ACSI，ドイツGCM，さらにデンマーク，韓国，香港，スウェーデンなどのCSデータを用いて，経済変数を説明変数として分析すると，景気観を表す経済状況変数がCSにマイナスの統計的有意な影響を与えていることが示されている（Ogikubo他，2009；Frank他，2009）．

また，このような経済状況の影響は，短期間に出てくる．前述の世界8カ国のCS調査における日本のデータでそのことを示そう．ちょうど日本の調査期間中の2008年秋にリーマンショックが起こり経済危機に陥った．日本のデータをその前後に分け，各製品・サービスそれぞれの100ポイントスケールでのCSの変化を示すと図2.13のようになる．2008年に起こった原油価格高騰に伴う料金値上げのあった電力会社と，番号持ち運び（ナンバーポータビリティ）制度の定着により利便性が高まった携帯サービスを除く，すべての製品・サービ

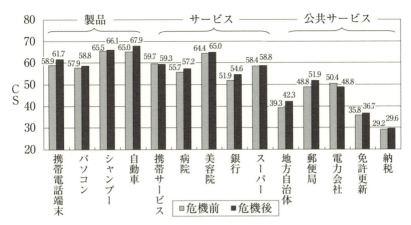

図 2.13 日本における経済危機前後の CS の変化

スにおいて危機後に CS が上がっている(アブレート他,2010).

全体では危機前が,55.1(N = 2,633)であったものが,危機後には 56.1(N = 11,066)とちょうど1ポイント統計的に 0.001 以下の高度な有意差の上昇があった.特に上昇が大きいのは製品であり,自動車では危機前 65.0 が,危機後には 67.9 となり,3 ポイントも上昇している.これに対して,他の指標,知覚品質,知覚価値,企業イメージなどにはこのような有意差は見られなかった.

なお,このような CS への著しい景気観の影響は,その内容を本質機能と表層機能に分類すると,付加機能などの表層機能のほうがより影響を受けるようである.また,CS は企業努力と関係のない経済状況の影響を強く受けることから,経年的に測定した CS を企業努力指標とするためには経済状況の影響を取り除く操作が必要であり,その補正方法については 3.2 節で述べる.

2.6 世界の CS に見る国・文化によるバイアス

次に国・文化による影響を見てみよう.まずそのための準備として,前述した,米国の ACSI を代表とする 2005 年時点で利用可能であった約 10 カ国で定期的に測定・公表されている国家レベルの企業の CS 調査データと,日本については対応する調査年の前節の耐久消費財の代用 CS を用いて分析した例を紹介しよう(Ogikubo 他,2007).なお,そのとき各国の産業の平均 CS(各国 2

~3年の平均)の国の差を説明するものとしては，国の文化の研究としてよく知られるホフステード(1995)の文化スコアが用いられている．

ホフステードの国の文化の違いを測る尺度については，現在でも通用するものとして多くの国による文化の差の研究に用いられている．詳しくは**第7章**で述べるが，文化次元として，部下の上司への依存性である権力格差(Power Distance：PDI)，個人個人の結びつきの度合いである個人主義(Individualism：IDV)，男女の役割分担の明確さである男らしさ(Masculinity：MAS)，そしてあいまいさやリスクに対しての不寛容さである不確実性回避(Uncertainty Avoidance：UAI)の4つが主要な次元，あるいは指標であり，世界約50カ国ついてこれら4次元のスコアが与えられている．

図2.14は，4つの次元のうち最も各国のCSと相関の高かった不確実性回避を横軸に，縦軸に各国のCS(100ポイントスケールに換算)をとったものである．これより，明らかに不確実性回避のスコアが高いほど，CSが低いという傾向が読み取れる．相関係数は，-0.551で統計的に高度な有意である．すなわち，日本もそうであるように，あいまいさやリスクを嫌う国ほどCSが低い，すなわち品質に厳しいとも解釈できる．

他の文化次元で統計的有意性を示すのは個人主義であり，相関係数は$+0.641$で個人主義な文化の国ほどCSが高いといえる．ただし，個人主義と一人当たりGDPなどの表す経済指標の相関も非常に高く，こちらのほうは豊かさという効果も交絡しているとも考えられる．

このような文化，不確実性回避の影響は，CS以外の例えば，世界的な統一

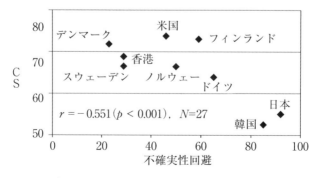

図2.14　各国のCSとその国の不確実性回避スコアの散布図

基準で定期的に測定される生活満足度(life satisfaction)のデータ(Veenhoven, 2006)を用いればまったく同様なことがいえる．さらに，世界各国の生活満足度のデータと対応するホフステードの国の文化スコアの相関係数を求めると，不確実性回避が−0.675，個人主義が0.374というCSと同様な有意な関係が認められる．毎回の国際調査でいつも低い日本の生活満足度や幸福感(happiness)は，不確実性回避のなかでも，後述するUAI4(神経質になったり，緊張したりすることがしばしばある)が特に影響しているものと思われる．

さらに，少し話はそれるが，圓川(2009)は，第1章で示したIMDの国際競争力ランキングのスコアもまったく同様な関係があることを分析している．要するに，不確実性回避とは負，個人主義とは正の統計的有意な相関がある．言い換えれば，現在の産業競争力の基準は，不確実性回避が低く個人主義が高い，すなわち米国の文化・制度が有利になるように，競争上のグローバルルールが形成されているということではないだろうか．

なお，ここで用いたCSは生活満足度やIMDスコア，そして次節での分析と異なり，それぞれの国で別々の尺度で測定されたものである．無論100ポイントスケールに換算してあるが．このような分析・比較を行うことの妥当性の論拠は，Johnson他(2002)にもとづくものである．

2.7 CSと不確実性回避の負の関係は個人レベルでも成立するか

さて，話を本筋に戻そう．それでは，不確実性回避のどのような点が具体的にCSにマイナスの影響を与えるのであろうか．前述の国レベルではなく個人レベルの文化特性としての不確実性回避でも負の相関はいえるのであろうか．また上に示したCSは，各国それぞれ異なる形式，対象で測定されたものであった．

そこで，世界8カ国・地域で同じ15の製品・サービスを共通の形式で測定したデータで再検証してみよう．この調査では，フェースシート部分で**図2.15**に示すような文化に関する質問を設け(**付録1のⅡの文化項目の質問の一部(全サンプル共通)**，全質問項目の各国の平均スコアは**付録5**を参照)，既往研究の

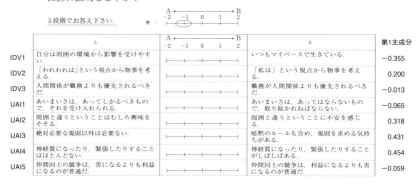

図 2.15 文化に関する質問項目・形式と世界のサンプルから抽出された主成分

結果から不確実性回避(UAI)と個人主義(IDV)に着眼した個人の文化特性を測定した．

全世界の約 5,200 サンプルのデータから，IDV と UAI 計 8 項目を代表する主成分を抽出した結果が，図 2.15 の右に示す各項目のウェイトである．これよりこの主成分が不確実性回避の具体的内容として，特に UAI4「神経質になったり，緊張したりすることがしばしばある」，UAI3「暗黙のルールを含め規則を求める気持ちがある」，UAI2「周囲と違うということに不安を感じる」，そして IDV1 の「自分は周囲の環境から影響を受けやすい」といったことに代表される不確実性回避であることに留意する必要がある．なぜなら，ホフステードの不確実性回避といっても多次元であり，これを見間違うと大きな誤りを犯すことになる．

例えば，最近行われた世界的な文化に関する調査で不確実性回避の質問項目として，「社会の要請やインストラクションはすべて文書化(スペルアウト)されている」というような項目が使われ，日本のスコアが低く出て大議論になり結局はわからない，という結論になっている(House 他，2004)．ホフステードの不確実性回避の国のスコアが同じでも，その中身は大きく異なっている可能性がある．加えて多くの欧米人による世界の文化研究では，中国も韓国も日本もひと括りにして儒教文化としている誤りも多いことに注意する必要があろう．これらについては第 7 章で詳しく述べる．

図2.15の不確実性回避の主成分に対する個人個人のスコアを算出し，その個人とCSとの相関係数を計算すると，表2.6の上側に示すように製品では−0.193，サービスで−0.148，公共サービスで−0.062，そして全体では−0.153と，いずれも統計的にも高度に有意な相関が認められる．すなわち，人口学的属性である女性が男性に比べてCSが高い，高齢者のほうがCSが高いということに加えて，国を越えて個人の文化特性である不確実性回避が低いほどCSが高いという傾向が，むしろ人口学的属性を越えていえるという，品質設計やマーケティング戦略上有用な興味深い結果である．

個人レベルの不確実性回避のスコアから国別にその平均をとると，日本 0.552，中国 0.288，ウイグル 0.050，タイ−0.327，ボリビア−0.244，フランス−0.230，米国−0.377，そしてドイツ−0.591という国の平均スコアが得られる．これと各国の平均CSとの相関をとると表2.6の下の欄に示すようになる．サービスよりも製品のほうが相関係数が高く，全体では−0.755と，図2.14とほぼ同様な統計的に有意な負の関係が見出される．

図2.16は，国別の平均のCSと不確実性回避のスコアをプロットした散布図で，顕著な負の関係が見てとれる．図2.5で示した国による大きなCSの差の源泉は，このような文化の差にあるといえる．時系列的な経済状況のバイアスと同様に，同一企業，同一製品・サービスのCSを国際的に比較するときには，このようなバイアスを考慮することが不可欠であり，この事実に留意する必要がある．

なお，2.4節で述べたCS生成メカニズムの国による違いである企業イメージの影響の大きさも文化の差で説明できる．平均の差がUAI4などのまさに不確実性回避傾向によって説明されるのに対して，付録1のUAI6の「ルールや手順に常に従わなければならない」，UAI7の「詳細な指示や説明があったほ

表2.6 CSと不確実性回避スコアとの相関係数

	製品	サービス	公共	全体
個人レベル	−0.193**	−0.148**	−0.062**	−0.153**
国レベル	−0.856**	−0.777*	—	−0.755*

* は5%有意，** は1%有意

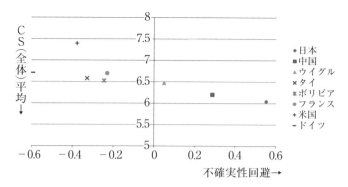

図 2.16　国レベルでの CS（縦軸）と不確実性回避スコア（横軸）の散布図

うがよい」という項目が高いほど（日本やドイツはいずれも低い），CS への企業イメージや後述する再購買意図への企業イメージの影響度が大きいことが説明できそうである．このように CS の平均とメカニズムでは異なった文化要因が作用しているという興味深い示唆が得られる（各国の文化項目の平均スコアは**付録 5** を参照）．

　ここで話を個人の不確実性回避の文化性向の影響に戻そう．CS への不確実性回避の影響は果たして直接的なものなのか，あるいはその先行要因である知覚品質および知覚価値，企業イメージを介したものなのかという問いである．そこで表 2.3 の CS に対するこれらの先行要因に不確実性回避を加えた分析を日本のデータに適用してみよう．その結果が表 2.7 である．この表には，CS に対する回帰分析に加えて，知覚品質，知覚価値，企業イメージのそれぞれ不確実性回避で回帰した結果も併せて示してある（「事前期待」，「他人からの評価」は CS への影響が小さいことから省略）．

　この結果から，まず経済状況の場合には CS だけへの影響であったのに対して，不確実性回避の文化特性については，CS よりも知覚品質，知覚価値，企業イメージのほうにより大きな影響を与える．そして製品に対する影響が顕著であるのに対して，前述した世界全体の場合と同様にサービスのほうが小さく特に日本においてはサービスが特に弱いことがわかる．

　表の上の CS に対する回帰から，製品の場合は不確実性回避は -0.026 のマイナスの直接効果がある一方で，その下にある知覚品質および知覚価値，企業

2.7 CS と不確実性回避の負の関係は個人レベルでも成立するか　63

表 2.7　個人の不確実性回避の影響メカニズム

目的変数	業種	説明変数	β	自由度調整済み R^2
CS	製品	知覚品質	0.643***	0.572
		知覚価値	0.086***	
		企業イメージ	0.075***	
		不確実性回避	−0.026*	
	サービス	知覚品質	0.461***	0.621
		知覚価値	0.234***	
		企業イメージ	0.193***	
		不確実性回避	0.000	
知覚品質	製品	不確実性回避	−0.080***	0.028
	サービス	不確実性回避	−0.024	0.040
知覚価値	製品	不確実性回避	−0.067***	0.019
	サービス	不確実性回避	−0.023	0.044
企業イメージ	製品	不確実性回避	−0.038*	0.032
	サービス	不確実性回避	−0.015	0.024

有意確率水準：*$p < 0.05$，**$p < 0.01$，***$p < 0.001$
コントロール変数：性別，年齢，製品・サービス

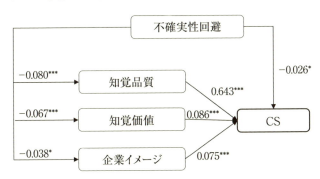

直接効果：−0.026
間接効果：(−0.080)×0.643+(−0.067)×0.086
　　　　　+(−0.038)×0.075 = −0.060
　　　　　　　　　*：5% 有意，***：0.1% 有意

図 2.17　不確実性回避の CS への直接効果と間接効果（製品）

イメージへの不確実性回避の直接効果はそれ以上のそれぞれ−0.080，−0.067，−0.038 ですべて高度な有意となっている．これらはいずれも標準化された偏

回帰係数であるので，図 2.17 に示すように，不確実性回避への CS への影響に関して，その直接効果よりも，知覚品質，知覚価値，企業イメージを介した間接効果が－0.060 で，直接効果よりも 2 倍以上の大きさとなっている（フランク他，2013）．

2.8 人口学的属性，不確実性回避文化，どちらが CS への影響が大きいか

これまで商品開発やマーケティング戦略の市場セグメントの変数として，人口学的属性やライフスタイル要因が多く用いられてきた．これに対してこれまで得られた結果からは，現在企業が経営の柱とする CS やその先行要因としての知覚品質などの消費者態度に，特に製品では個人の文化性向の一つである不確実性回避も統計的にも高度に有意な影響を与えることがいえた．それではどちらが CS などへの影響力が大きいであろうか．日本のデータを用いて確かめてみよう．

表 2.8 は，製品とサービスで層別したうえで，CS および知覚品質，知覚価値，企業イメージに対する不確実性回避，性別，年齢（10 代ごとにカテゴリー化したダミー変数を使用）をそれぞれ単独の説明変数として回帰したときの寄与の大きさを，重相関係数 R を尺度として比較したものである．製品では，性別よりも CS と知覚品質などすべてにおいて不確実性回避のほうが影響力は大き

表 2.8 CS 関連指標への不確実性回避，性別，年齢の影響力

	CS	知覚品質	知覚価値	企業イメージ
製品				
不確実性回避	0.081	0.079	0.062	0.035
性別	0.027	0.028	0.000	0.027
年齢（ダミー）	0.054	0.071	0.000	0.093
サービス				
不確実性回避	0.028	0.026	0.022	0.011
性別	0.047	0.021	0.022	0.000
年齢（ダミー）	0.100	0.090	0.075	0.090

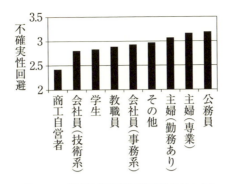

図 2.18　職業別不確実性回避のスコア

く，年齢と比較しても企業イメージを除いて上回っている．これに対してサービスでは影響力は小さく，むしろ年齢による知覚品質や企業イメージでの影響が特徴的である．これより特に製品において，CSなどの消費者態度を考えるうえで不確実性回避の重要性が示唆される．

それでは，不確実性回避の高い人はどのような属性の人であろうか．性別，年齢に職業も含めた関連を調べると，性別，年齢とは独立で，職業と関係がやや有意性を示す．そこで職業の9水準の不確実性回避の平均値が小さい順に掲げると図2.18のようになる．公務員，主婦が一番高く，商工自営者が一番低い傾向を示している．2.3節で示した日本だけの傾向として，女性のCSが男性よりも低いことを示したが，その理由の一つとして主婦の不確実性回避が高いことが挙げられる可能性がある．

2.9　機能充足度とCS：高性能・高品質の限界

CSの生成メカニズムの最後として，図1.7の左にある製品・サービスの機能や性能まで遡ってその機能充足度とCSの関係の興味深い分析結果を最後に見ておこう．消費者は必ずしもすべてを理性的に計算して意思決定するわけではないというプロスペクト理論における価値関数理論がある(Kahneman 他，1979)．価値関数理論は，参照点依存性(評価の基準)，感応度逓減性(利得も損失も値が小さいときのほうが変化に敏感である)，リスク態度非対象性(参照点から右(利得)では凹関数，左(損失)では凸関数のS字型)などから構成される．

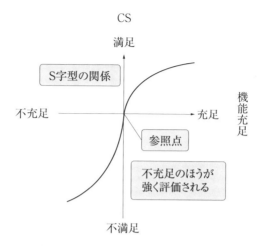

図 2.19 機能充足度と CS との関係

CS を価値とすると，機能充足度との関係は**図 2.19** のようになる．

　この理論は一見，1.3 節で紹介した知覚矯正モデルの同化作用や対比作用と矛盾するように考えられるが，知覚矯正モデルはあくまで個人の事前期待を介した効果であること，あるいは参照点そのものが自己正当化の範囲である無差別領域に相当し，それから外れた領域でのモデルと考えられる．またここでの議論は機能充足度と CS との関係であり，機能の効果を分類することによって狩野モデルの検証にもつながる．機能によっては**図 2.19** の左右どちらかのみになり，例えば左側の場合には当たり前品質に相当する．

　調査は **2.5 節**で述べた冷蔵庫，テレビ，洗濯機 3 製品を対象とした 2007 年度，2010 年度のデータを用いる．5 段階で測定する機能充足度は冷蔵庫 64 項目，テレビ 54 項目，洗濯機 52 項目で，それぞれ CS に相当する総合満足度は 10 段階で測定した．分析に用いるサンプル数は 542 から 560 で，男性 41％，女性 59％，年齢構成は 20 代 47％，30-40 代 31％，50 代以上 22％，職業では学生 40％，主婦 38％，その他 22％という構成になっている (佐藤, 2011)．

　まずそれぞれの製品の機能をグルーピングするために，これは消費者は多くの機能や品質の項目を一つひとつを評価しているのではなく，評価因子という塊で評価しているという考えから (秋庭他, 1986)，それぞれ因子分析を行い基本機能，付加機能，嗜好性，保全性，保守性，操作性，設置性などの 6 から 8

2.9 機能充足度とCS：高性能・高品質の限界

の機能因子を抽出し，これに対する因子得点(平均が0)を機能充足度と定義した．したがって，ここでの参照点は各個人ではなく各評価因子のサンプル平均，すなわち0であり，機能充足度が普通と呼ばれるような点に設定していることになる．

機能充足度とCSとの関係に次のような線型モデルを仮定した．

$$CS = 定数 + \beta 1 * |N\_機能充足度| + \beta 2 * |P\_機能充足度|$$

ここで|N_機能充足度|(N：Negative)とは，機能充足度の値が0以上であれば「0」，機能充足度の値が0より小さければ「−機能充足度」とする変数である．|P_機能充足度|(P：Positive)は機能充足度の値が0以下であれば「0」，機能充足度の値が0より大きければそのまま「機能充足度」とする変数である．

さらに図2.19に対応したCSと機能充足度の間にS字の関係を想定したモデルとして，上式の機能充足度にlogをとり，それぞれ|LN_機能充足度|，|LP_機能充足度|に置き換えたものをS字型モデル，反対に逆S字の関係を想定するために機能充足度にexpをとり|EN_機能充足度|，|EP_機能充足度|とした逆S字型の3種類のモデルを用意した．そのうえで冷蔵庫8，テレビ6，洗濯機7の機能因子の充足度を説明変数，CSを目的変数とした重回帰分析をそれぞれ行った．その結果，最も当てはまりが良かったのが，3製品ともS字型モデルであった．表2.9は，それぞれ有意となった機能因子の標準偏回帰係数を示す．

表2.9の右欄には，充足度のマイナス側(LN_機能充足度)，プラス側(LP_機能充足度)双方の有意性の結果から，狩野モデルにおける分類も示している．例えば，冷蔵庫の基本機能(消費電力が少ない，食品の鮮度・うまみが保てる，おいしい氷など)は，プラス側だけ有意であることから，魅力的品質に分類される．次の操作性(小物・仕切り・ボトルラックが使いやすい，出し入れが便利など)は，S字型モデルではマイナス側だけが有意であるが，括弧内に示すように逆S字型ではプラス側も有意となることから，これも加味して一元的品質という分類にしてある．洗濯機の基本機能(汚れがよく落ちる，傷まない，短時間で消費電力が少ないなど)も同様である．

以上の結果から次のような知見が得られる．

① 各製品多くの機能や機能因子があるが，総合的満足度であるCSに関

表2.9 CSのS字型モデルにもとづく重回帰分析の結果

		LN_機能充足度		LP_機能充足度		分類
		$\beta 1$	有意確率	$\beta 2$	有意確率	
冷蔵庫 $R^2 = 0.186$ $N = 560$	基本機能			0.082	0.038	魅力
	操作性	−0.288	0.000	(0.128	0.002 逆S)	一元的
	付加機能			0.212	0.000	魅力
	保守性	−0.108	0.006			当たり前
	嗜好性			0.098	0.011	魅力
テレビ $R^2 = 0.239$ $N = 542$	操作・嗜好			0.145	0.000	魅力
	基本機能	−0.141	0.011	0.163	0.004	一元的
	新基本機能	−0.298	0.000			当たり前
	弊害機能	−0.085	0.028			当たり前
洗濯機 $R^2 = 0.150$ $N = 567$	基本機能	−0.233	0.000	(0.223	0.000 逆S)	一元的
	設置・調節			0.109	0.006	魅力
	嗜好性			0.131	0.001	魅力
	保守性	−0.108	0.061	0.124	0.032	一元的

与するものは限られる．言い換えれば，表2.9に掲げてある以外の機能因子は，"無関心品質"に分類される．

② また3製品の機能充足度のCSへの寄与率R^2を見ても約20％に過ぎず(測定上の限界を差し引いても前述したようにブランドイメージなどによって曲げられる)，いくら企業側が高性能・高品質を謳っても消費者側の認知度は高くなく，ましてやそれが無関心品質に関するものであればCSには結びつかない．これこそ第1章で述べた多機能疲労を起こさせている源泉ではなかろうか．

③ 表からわかるように，魅力的品質に分類されるのは，デザインの時代といわれるように嗜好性(色・デザインが良い)や付加機能などの表層機能である．そして基本機能も一元的か冷蔵庫のように魅力的品質に分類される．これは後述するユーティリタリアン(utilitarian：実用的)価値よりも，ヘドニック(hedonic：快楽的・情緒的)価値が高いCSに結びつくことに関係したものと考えられる．一方，テレビの新基本機能というのは，調査当時競って発売されたハイビジョンや，薄型・大画面であ

り，これは当たり前品質に分類される．このように機能だけでは，すぐに当たり前化され，充足されないと不満というような状況をつくり出してしまう．

④　表中，マイナス側の偏回帰係数の絶対値のほうが大きい傾向があり，まずその解消がCS向上の第一歩ということであろう．

以上，第2章の最後として，機能とCSとの関係を取り上げたが，その関係は案外大きくない．これこそ行動経済学における消費者行動の非合理性を反映するものであろう．その非合理性に介在するのは，本章で述べたブランドイメージや消費者個人の文化特性，そして消費者を取り巻く環境としての経済状況や国の文化・制度などであろう．そして何より，供給サイドの多機能が，無関心あるいは多機能疲労を起こさせているのではなかろうか．

そこを打ち破りヒット商品を生み出すには，高品質・高性能そして多機能イコール高CSの呪縛を捨て，真摯に消費者行動や商品を使っている経験を観察し，非合理性の源泉となる理由を消費者以上に理解することで，ワクワクするようなユーザーエクスペリエンスを引き起こすことであろう．ここで対象とするような家電製品では，その機能やユーザビリティを工夫すればスマート家電は有力なヒット商品になる可能性を秘めている．

参 考 文 献

Ball, D., P.S. Coelho and A. Machas(2004)："The Role of Communication and Trust in Explaining Customer Loyalty," *European Journal of Marketing*, Vo. 38, No. 9/10, pp. 1272-1293.

Fornell, C., M. D. Johnson and E. W. Anderson(1996)："The American Customer Satisfaction Index: Nature, Purpose, and Findings," *Journal of Marketing*, Vol. 60, No. 4, pp. 7-18.

Frank, B. and T. Enkawa(2009)："Economic Influences on Customer Satisfaction: An International Comparison," *Int. J. of Business Environment*, Vol. 2, No. 3, pp. 336-352.

House, R. J. *et al.* (2004)：*Culture, Leadership, and Organizations: The GLOBE Study of 62 Societies*, Thousand Oaks, Sage Publications.

Johnson, M. D., A. Herrmann and A. Gustafsson(2002)："Comparing Customer Satisfaction across Industries and Countries," *Journal of Economic Psychology*, Vol. 23, No. 6, pp. 749-769.

Kahneman, D. and A. Tversky(1979)："Prospect Theory: An Analysis of Decision under Risk," *Econometrica*, Vol. 47, No. 2, pp. 263-292.

Ogikubo, M., and T. Enkawa(2007)："Cross-National Analysis of Customer Satisfaction, Economic Institutions and Cultural Factors," *Journal of Japan Industrial Management Association*, Vol. 58, No. 3, pp. 167-172.

Ogikubo, M., S. J. Schvaneveldt and T. Enkawa(2009)："An Empirical Study on Antecedents of Aggregate Customer Satisfaction: Cross-country Findings," *Total Quality Management and Business Excellence*, Vol. 20, No. 1, pp. 23-37.

Oliver, R. L.(1977)："Effect of Expectation and Disconfirmation on Post-exposure Product Evaluations: An Alternative Interpretation," *Journal of Applied Psychology*, Vol. 62, No. 4, pp. 480-486.

Tse, D. K. and P. C. Wilton(1988)："Models of Consumer Satisfaction Formation: An Extension," *Journal of Marketing Research*, Vol. 25, No. 5, pp. 204-212.

Veenhoven, R.(2006)：*World Database of Happiness: Distributional Findings in Nations*, Rotterdam: Erasmus University.

秋庭雅夫，圓川隆夫(1986)：『消費者からみた耐久消費材の製品評価』，日刊工業新聞社．

アブレート・グルミレ，圓川隆夫，フランク・ビョーン(2010)：「CS関連指標への経済危機の影響とモデレータとしての文化の役割」，『品質』，Vol. 42, No. 2, pp. 69-77.

圓川隆夫(2009)：『我が国文化と品質』，日本規格協会．

佐藤祐輝(2011)：「機能充足が製品評価に及ぼす影響へのプロスペクト理論の応用」，東京工業大学平成22年度修士論文．

ドラッカー，P. F.(1987)：『現代の経営』，現代経営研究会 訳，ダイヤモンド社．

フランク・ビョーン，圓川隆夫，大隈信孝(2009)：「顧客満足度に対する経済変数の影響とその構成品質要素による違い」，『日本経営工学会誌』，Vol. 60, No. 2, pp. 87-94.

フランク・ビョーン，エルバストッリコ・ボリス，圓川隆夫(2013)：「日本の製品・サービスを対象とした不確実性回避性向の消費者態度への影響メカニズムの解明」，『日本経営工学会論文誌』，Vol. 63, No. 4, pp. 201-209.

ポーター，M. C.，世界経済フォーラム(2006)：『国の競争力』，鈴木立哉，渡部典子，上坂伸一 訳，ファーストプレス．

ホフステード，G.(1995)：『多文化世界』，岩井紀子，岩井八郎 訳，有斐閣．

第3章
CSからの消費者行動の派生メカニズムと経営成果

3.1 マーケットシェアとCSは負の相関か

　本章からは図1.7のCSの効果，右に向かう派生メカニズムを検証しよう．まずは，企業経営にとっての関心事であるマーケットシェアに与える影響を考えよう．一般にCSを高めることは将来の顧客創出につながると考えられ，企業がCS向上を目標とすることは誤りではないであろう．しかしながら，CS研究の世界では，時間遅れCSとシェアには正の相関関係が存在することが示されている一方で，1990年前半のFornellらの研究グループにより，スウェーデンや米国のデータにもとづき，同一時点での両者の間には相関がないか，負の相関関係が存在するという説が知られている．この主張を大きく覆す報告はその後もなされていなかったのが現状であった．

　本当にそうであろうか．まずこの事実をもっともらしくしている理想点モデルについて説明しておこう．これは個々の消費者には，製品の品質や価格の高低についての理想点があるという前提にもとづくものである．図3.1に示すように(図中の縦線の左の顧客は企業1を選び右の顧客は企業2を選ぶ)，シェアの高い企業1と低い企業2とを比べると，企業1の製品は理想点から離れる消費者をよりカバーしなければならないことから，理想点の乖離の程度が大きくなるため企業2の製品に比べてCSが小さくなるというものである．実際のデータによる検証として，まずはスウェーデンのデータ(Fornell, 1992; Anderson他, 1994)，引き続き米国のACSIデータにもとづき検証されてい

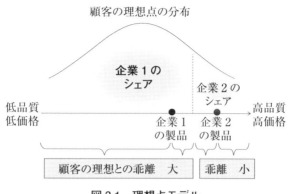

図3.1 理想点モデル

るものである(Griffin 他, 1993；Fornell, 1995).

　同様な見解は，CS生成の先行要因である知覚品質との関係でもある．例えば，Hellofs 他(1999)は，ACSIとは異なる米国データを用いてシェアの上昇に従って知覚品質が減少する理由として，シェアの拡大に伴って欠品や遅れといった品質上の欠陥を招くことや，シェアの高い製品・サービスでは特別感が得られないことなどを挙げている．

　しかしながら，理想点モデルの理想点の定義は，高品質・高価格と低品質・低価格という単純な一次元で説明され，前章で述べたような複雑な消費者行動の説明とは乖離している．しかも，限られた国で業種の違いも無視したデータにもとづくものである．何より，持続的成長を図るためのCS向上を経営目標とするCS経営によって受け入れられないものである．

　そこで，前章で取り上げた世界8カ国・地域の公共サービスを除き，かつ個人経営が主体となる美容院や病院を除き，企業別のシェアの推計が可能な携帯端末，PC，シャンプー，車の4つの製品，そして携帯サービス，銀行，スーパー，ファストフードの4つのサービス，計8つの産業を対象としたデータを用いて，改めてCSとシェアの関係を，知覚品質(以下，PQ)，知覚価値(以下，PV)，企業(ブランド)イメージ(以下，Image)を含めて検証してみよう(アブレート他, 2012)．各国の製品・サービス別のサンプル数は，この後の表3.2に示すとおりである．

　その際，シェアには調査票にあらかじめそれぞれの国，対象製品・サービス

ごとに，その地域で上位シェアと思われるメーカー名(シャンプーのみブランド名)を用意した質問項目に(例えば，PCの場合には**図2.4**あるいは**付録1**のⅢの1-2-1の質問項目参照)，回答者がチェックした回答者比率(頻度)を用いることにする．これは，例えば携帯端末や車のように同じ企業でも多くの機種や車種がある場合でも区別せず，あくまでもその企業あるいはブランドのシェアと対応するCS関連指標との平均的関係を見ることを意味する．

日本の携帯端末，PC，車の場合，この回答者比率は矢野経済研究所が毎年発表するシェアとの比較が可能であり，その値に大きな差はなかった．加えて，調査そのものが各国のある地域に限られているため，全国規模のシェアデータを用いるよりも，その地域のシェアを考えるうえで妥当とも考えられる．

なお，メーカー(企業・ブランド)名が「その他」の回答の場合は以下の分析で除外したが，具体的なメーカー名の記載が調査票に用意した企業よりも上回った場合にはその企業も分析に含めた．各国の各製品・サービスごとにCS関連指標とシェアの関係の分析に用いた企業数は後述の**表3.2**においてNで示してある．このようなN社の全回答者に対する使用比率は，それぞれの製品・サービスで最低でも70%を超える．例えば，米国の銀行数は日本の130倍の約16,000という数に対して，本調査の質問項目で用意した銀行名は13であるが，America First Credit Unionのように傘下に多くの同じシステムで運用する信用組合をもつ企業もあり，13社で使用比率の約90%をカバーしている．

以上のような準備をもとに，それぞれの国で製品・サービスにおける企業ごとのCSの回答者平均と，対応する企業のシェア(回答者比率)から，国別に両者の相関係数を求めたものが**表3.1**であり(括弧内は両側有意確率)，他のCS関連指標についても同様な処理をして計算した．Nは用いた企業数を表し，日本では104社のデータから相関を求めたことを意味する．また，**表3.1**の左欄は，8カ国・地域をさらにプールしたデータ($N = 710$)から相関係数を求めたものである．

表3.1の結果より，国や製品・サービスの差を無視した単純な全データのCS関連指標とシェアの間には，Imageを除いて，特にPVで高度に有意な負の相関を示している．また国別でも，CSでは米国で10%有意，PVでは日本で5%有意，ドイツで10%有意でいずれも負の相関となっている．このような

表 3.1 業種間にわたる企業の CS 関連指標の平均とシェアから求めた相関係数

	全データ	日本	中国	ウイグル	タイ	ボリビア	フランス	米国	ドイツ
N	710	104	78	67	57	60	57	126	157
	相関係数 (p 値)	相関係数 (p 値)	相関係数 (p 値)	相関係数 (p 値)	相関係数 (p 値)	相関係数 (p 値)	相関係数 (p 値)	相関係数 (p 値)	相関係数 (p 値)
CS	−.071 (.058)	−.122 (.217)	−.063 (.586)	.002 (.988)	.114 (.380)	.174 (.184)	−.104 (.440)	−.150 (.093)	−.073 (.361)
PQ	−.067 (.073)	−.091 (.361)	−.061 (.596)	.067 (.590)	−.016 (.903)	.132 (.311)	−.063 (.641)	−.137 (.126)	−.080 (.321)
PV	−.117 (.002)	−.204 (.038)	−.193 (.090)	.039 (.756)	.008 (.950)	.050 (.703)	−.193 (.150)	−.120 (.179)	−.137 (.089)
Image	.016 (.667)	.020 (.842)	−.079 (.491)	.148 (.231)	.027 (.839)	.128 (.327)	−.060 (.658)	−.114 (.205)	.081 (.311)

傾向は,前述した Fornell や Anderson らの結果と符合するものである.しかしながら,これはあくまでも業種をプールしたもので,その本当の意味やメカニズムを検証するためには製品・サービスごとの分析が必要であろう.

そこで各国の製品・サービスごとのシェアと CS との関係について調べよう.その際,正確にはまずある国のある製品・サービスの企業の平均の効果と,消費者個人のかかわる残差に分解したうえで,前者について企業の CS 関連変数との回帰分析を行う HLM(階層線型モデル)を用いる必要性もある.しかし,ここでは簡単に国と製品・サービスの組合せごとに,企業のシェアと対応する CS 関連指標の相関係数を計算したものを示す.なお,HLM を用いた分析でも結果はほぼ同様である(アブレート他,2012).表 3.2 はその結果であり,各国の製品・サービスごとに相関係数の値とその有意確率(括弧内)を掲げてある.

表 3.2 に示す結果から次のようなことが窺われる.

まず影をつけた負の相関に対応する負の係数をもつ製品・サービスは必ずしも多くない.負の相関係数をもつ傾向は,新興国では中国の銀行,スーパー,ファストフード,タイの PC を除くと少なく,ウイグル,ボリビアではすべて正というように,多くは正の相関係数をもつ.一方,先進国では負の相関係数の業種も少なくないが,日本ではシャンプー,米国では車,銀行,ファストフード,ドイツでも PC,シャンプーで有意な正の相関係数となっている.

表3.2 各国における8製品・サービスの4つのCS関連指標とシェアの相関係数

		日本 相関係数 (p値)	日本 N	中国 相関係数 (p値)	中国 N	ウイグル 相関係数 (p値)	ウイグル N	タイ 相関係数 (p値)	タイ N	ボリビア 相関係数 (p値)	ボリビア N	フランス 相関係数 (p値)	フランス N	米国 相関係数 (p値)	米国 N	ドイツ 相関係数 (p値)	ドイツ N
携帯端末	CS		15	.105 (.010)	13		12	.165 (.003)	10		10		9	−.191 (.000)	12		15
	PQ	−.108 (.000)		.260 (.000)				.235 (.000)						−.220 (.000)		−.075 (.036)	
	PV	.153 (.000)		.213 (.000)		.145 (.009)								−.110 (.000)		.097 (.011)	
	Image			.306 (.000)												.118 (.002)	
PC	CS	−.103 (.000)	15		10		13		11	.061 (.090)	9		8		11	.225 (.000)	18
	PQ	−.109 (.000)						−.102 (.082)		.109 (.092)						.096 (.008)	
	PV	−.045 (.000)						−.108 (.067)		.152 (.018)				−.109 (.019)		.115 (.002)	
	Image	−.048 (.000)						−.202 (.001)								.228 (.000)	
シャンプー	CS	.052 (.053)	17		11		12		8		7		5	−.109 (.015)	26	−.078 (.095)	39
	PQ	.104 (.001)												−.212 (.000)		−.109 (.020)	
	PV													−.126 (.000)			
	Image																
車	CS		12		15	.143 (.013)	3	.145 (.009)	12		13		13	.120 (.007)	27		26
	PQ	.191 (.000)				.216 (.000)		.278 (.000)						.162 (.000)			
	PV					.196 (.001)		.175 (.002)		.065 (.072)				.122 (.000)			
	Image													.196 (.000)			
携帯サービス	CS	.066 (.022)	4	.080 (.051)	2		8	.112 (.047)	3		3		5		8	−.190 (.000)	19
	PQ	−.210 (.000)						.152 (.007)								−.098 (.005)	
	PV	.087 (.001)														−.296 (.000)	
	Image							.136 (.016)									
銀行	CS	−.067 (.012)	10	−.126 (.002)	8	.147 (.005)	9		6		9		8	.238 (.000)	13		15
	PQ			−.152 (.000)		.164 (.002)								.204 (.000)			
	PV	.064 (.016)		−.187 (.000)		.117 (.026)								.189 (.000)		.103 (.004)	
	Image			−.180 (.000)		.181 (.001)								.250 (.000)			
スーパー	CS	−.049 (.066)	18	−.083 (.046)	10		11		5	.218 (.000)	6		7	−.256 (.000)	15		17
	PQ			−.077 (.063)						.189 (.000)				−.430 (.000)		.078 (.037)	
	PV	−.051 (.056)								.178 (.000)				−.158 (.000)		.117 (.002)	
	Image									.147 (.004)				−.355 (.000)			
ファストフード	CS	−.205 (.000)	13	−.132 (.013)	9			.125 (.049)	7		7		3	.074 (.095)	15	−.218 (.000)	9
	PQ	−.217 (.000)		−.093 (.081)										.130 (.003)		−.185 (.000)	
	PV	−.109 (.000)		−.192 (.000)										.178 (.000)			
	Image	−.206 (.000)		−.165 (.002)										.106 (.017)		−.090 (.021)	

CS 関連指標の間では，CS，PQ，PV は同じような傾向をもつが，CS よりも PQ のほうが負のときも正のときも相関係数の絶対値が若干大きい傾向が窺われるが，PV は，日本における携帯サービスのように他指標と正負が逆転している場合がある．Image は，他の 3 指標に比べて先進国でも，例えば，日本でも銀行のように，正の関係がより見られる．

以上のことから，CS 関連指標とシェアの相関は負という既存の説は当てはまらず，CS 関連指標とシェアとの相関のパターンには，先進国と新興国で異なる傾向が見られる．その背景として，

- 一つは国の市場を形成する消費者側の成熟度や文化の違いがあり，
- もう一つはその国の市場に参入している製品・サービスを提供している企業の競争力の違いがあるのではないか，

と考えられる．

そこで CS 関連指標とシェアとの関係を決めるモデレータとして，国の市場の成熟度としての先進国，新興国の差を取り上げよう．ホフステード(1995)によれば国の経済の成熟に従って個人主義の傾向が強まる．それが多様性追求(variety seeking)欲求につながり(荻久保他，2008)，シェアとの関係は負の方向に向かう．一方，第 2 章で述べたように各国の CS の平均値には文化要因にもとづく大きな差があり，その国の製品・サービスの CS の実力を見るには，その平均を差し引いた図 2.7 に示した相対 CS，あるいは他の指標も同様な操作をした相対尺度が適当と思われる．

表 3.2 に相当する 8 カ国・地域のそれぞれ 8 つの製品・サービス(ウイグルの車を除く)におけるシェアと 4 つの CS 関連指標とのそれぞれ 63 の相関係数を目的変数として，例えば CS との相関係数の場合，

- モデル 1：相対 CS，先進国ダミー(先進国を 1，新興国を 0 とする変数)
- モデル 2：相対 CS，先進国ダミー，その交互作用(相対 CS ×先進国ダミー)

の 2 つのモデルで重回帰分析をした結果をまとめたものが表 3.3 である．

まず CS との相関係数については，表からわかるように，モデル 1 からは，相対 CS が大きいほど相関係数は大きくなり，そして先進国ほど相関係数は小さくなることが示唆される．モデル 2 からは，先進国ダミーは同じであるが，

表 3.3 CS 関連指標とシェアの相関係数の重回帰分析の結果（偏回帰係数と両側有意確率）

	目的変数（シェアとの相関） 説明変数	CS 相関係数 回帰係数 (p 値)	PQ 相関係数 回帰係数 (p 値)	PV 相関係数 回帰係数 (p 値)	Image 相関係数 回帰係数 (p 値)
モデル 1	相対 CS/PQ/PV/Image	0.329 (0.008)	0.358 (0.003)	0.328 (0.008)	0.358 (0.003)
	先進国ダミー	−0.182 (0.135)	−0.240 (0.044)	−0.205 (0.090)	
	R（調整済み R^2)	0.404 (0.136)	0.472 (0.197)	0.413 (0.143)	0.386 (0.121)
モデル 2	相対 CS/PQ/PV/Image		0.289 (0.336)		0.126 (0.600)
	先進国ダミー	−0.251 (0.050)	−0.251 (0.049)	−0.235 (0.064)	
	相対 CS/PQ/PV/Image ×ダミー	0.381 (0.097)		0.0211 (0.391)	0.300 (0.217)
	R（調整済み R^2)	0.449 (0.161)	0.473 (0.184)	0.426 (0.140)	0.473 (0.184)

相対 CS よりも先進国ダミーとの交互作用がプラスで有意となる．すなわち，相対 CS が大きくなると先進国でも相関係数は高くなる，というほぼ同じ結果が得られる．この関係を実際に，横軸に相対 CS，縦軸に CS との相関係数をとり，先進国と新興国で層別したうえで散布図を描いたものが，**図 3.2** である．

これより，既往研究の説は第 3 象限に相当し，先進国でしかも相対 CS が小さい競争力のない業種で当てはまるだけであることがわかる．新興国では負の相関は少なく，先進国，新興国を問わず相対 CS の高い業種は，第 1 象限，すなわち正の相関係数をもつことがわかる．

この傾向は PQ，PV でも同じで，CS よりもより顕著な傾向を示す．企業イメージだけが先進国ダミーが有意でなく，すなわち先進国，新興国の差なしに，相対 Image が高い業種ほど，相関係数も高くなるという傾向を示す．

以上から，CS とシェアの間には負の相関があるのはむしろ例外であり，競争力のある産業では CS が高いほどシェアも高い，という極めて健全な結果を

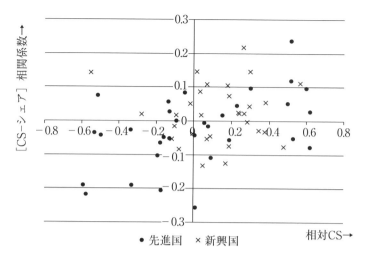

図 3.2　相対 CS と国・製品サービスごとの CS とシェアの相関係数の散布図

導き出すことができた.

　これより示唆されることは，価格競争やスイッチングコストを高めてシェアを増大させても国際競争力のない低い CS の業種であれば，シェアを高めることがその企業の CS を損ねることにつながるが，他業界にも勝る高い CS の下では，シェアを大きくし，かつ CS も損なわず向上するという好循環が期待できる．また，今の新興国もやがて成熟すると先進国と同様な現象に移行するであろうことから，業種自体の競争力を高めて CS 向上を図ることが重要になってくると思われる．

3.2　景気観バイアスを取り除いて初めて企業努力を反映した CS の経営成果が発現

　CS により自社パフォーマンスを判断する場合，同一時点での他社との相対的な比較による場合は問題がないが，自社の経年的な CS の大小から考える際には，2.5 節での分析結果から経済変動のバイアスを取り除く必要がある．また，グローバル展開する同一企業における異なる国・地域で CS を比較する場合にも，2.6 節で示したように大きな文化によるバイアスが存在する．後者の

場合には，図 2.5 における国家レベルの CS の平均値を引いた相対 CS を算出することによって，客観的な比較が可能になる．

ここでは経年的な CS を測定した場合の補正方法を考えよう．2.5 節で示したようにその際のバイアスとは，株価に代表される景気に対する期待感，景気観と思われる負の効果と，GDP およびその増分に代表される経済成長あるいは実質的な景気拡大に起因すると思われる正の効果である．このうち特に前者は，製品やサービスに直接は関係のない，すなわち企業努力とは関係のない CS の構成要素のうち消費者側の期待−不確認モデルにおける比較標準である期待の増減をとおしての効果，あるいはバイアスと考えられる．

一方，後者の GDP およびその増分の正の効果は，経済成長に伴う実質的な製品やサービスの充足能力の向上により，より良い製品・サービスの購入をとおしての知覚品質の向上を介しての効果とも考えられる．すなわち，この効果には企業側の努力の効果が含まれている可能性もある．加えて，GDP は時間的に増加関数であり（最近の日本では事情が異なるが），もし経年的な企業側の改善努力があるとすれば，GDP の正の効果に交絡してしまうことになる．

以上のような立場から，ここでは 2 つの補正方法のモデルを考えたうえで（フランク他，2009），前述した耐久消費財に加えて病院における CS データおよび対応するシェアなどの経営成果の関係について検討してみよう．補正方法としては次の 2 つのモデルを考える．

- モデル 1：原 CS データを 2.5 節で取り上げた株価，GDP およびその遅れを考慮した変数の下で回帰し，得られた重回帰式の残差を補正 CS 値とする．
- モデル 2：原 CS データを株価のみにより回帰し，得られた回帰式の残差を補正 CS 値とする．

(1) 耐久消費財のケース

まず耐久消費財については，2.5 節で紹介した冷蔵庫，テレビ，洗濯機の 3 製品の CS 調査で，1977 年から 2007 年までのデータを活用する．その間 11 回（3 年ごと）の調査において毎回安定したサンプル数が確保できている冷蔵庫においては T, M, H, MI 社，テレビにおいては T, M, H, SO 社，そして洗

表 3.4　3 製品それぞれ 4 社の CS と株価との相関係数と p 値（両側）($N = 11$)

	冷蔵庫			
	T 社	M 社	H 社	MI 社
r	−0.714	−0.795	−0.844	−0.541
p 値（両側）	0.014	0.003	0.001	0.086
全平均	−0.907(0.000)			

	テレビ			
	T 社	M 社	H 社	SO 社
r	−0.711	−0.960	−0.384	−0.751
p 値（両側）	0.014	0.000	0.244	0.008
全平均	−0.864(0.001)			

	洗濯機			
	T 社	M 社	H 社	SA 社
r	−0.826	−0.850	−0.669	−0.783
p 値（両側）	0.002	0.001	0.024	0.004
全平均	−0.899(0.000)			

濯機においては T, M, H, SA 社のそれぞれ主要メーカー 4 社の平均 CS と対応する年の株価などの経済データである．表 3.4 に各社の平均 CS と対応する年の日経平均株価との相関を示す．各製品および企業の CS でも，強い相関を示すことが窺われる．

経営成果としては過去 30 年余りの矢野経済研究所の各社のマーケットシェアを用いることにする．各社のシェアは参入企業数などの影響を取り除くために各年度のシェアの絶対値ではなく，4 社間のシェアの相対的な変化量を用いることにして，各社の補正なしの原 CS 値（モデル 0）も加えてモデル 1，モデル 2 の方法で求める CS と，その時間遅れ効果も考慮したシェア変動量との相関を考える．

表 3.5 は 3 種類の CS を用いて，1 年後から 5 年後までのシェア変動量との相関係数を示したものである．例えば，冷蔵庫の遅れ 1 年の 0.168 というのは，各社の CS とその 1 年後のシェア変動量の相関係数を意味する．相関係数の有

3.2 景気観バイアスを取り除いて初めて企業努力を反映したCSの経営成果が発現

表3.5 補正方法によるCSと遅れを考慮したシェア変動との相関（p値：片側）

	遅れ	冷蔵庫 r	p値	テレビ r	p値	洗濯機 r	p値	N
モデル0（原CS値）	1年	0.168	(0.149)	−0.038	(0.408)	0.157	(0.166)	40
	2年	0.125	(0.222)	0.152	(0.175)	0.183	(0.129)	40
	3年	0.164	(0.169)	0.248	(0.072)	0.160	(0.175)	36
	4年	0.192	(0.131)	0.131	(0.224)	0.040	(0.408)	36
	5年	0.024	(0.444)	0.094	(0.293)	0.007	(0.485)	36
モデル1	1年	0.324	(0.021)	−0.052	(0.375)	0.416	(0.004)	40
	2年	0.202	(0.105)	0.274	(0.044)	0.331	(0.019)	40
	3年	0.301	(0.037)	0.444	(0.003)	0.286	(0.045)	36
	4年	0.293	(0.041)	0.234	(0.085)	0.079	(0.323)	36
	5年	0.037	(0.415)	0.175	(0.154)	−0.027	(0.439)	36
モデル2	1年	0.292	(0.034)	−0.053	(0.372)	0.367	(0.010)	40
	2年	0.178	(0.136)	0.214	(0.093)	0.312	(0.025)	40
	3年	0.293	(0.042)	0.346	(0.019)	0.265	(0.059)	36
	4年	0.275	(0.053)	0.182	(0.144)	0.073	(0.337)	36
	5年	0.035	(0.421)	0.136	0.215	−0.024	(0.444)	36

意確率からわかるように，補正なしのモデル0では3製品ともに1年後から5年後のシェア変動量はいずれも有意な相関は見られない．

一方，CSを経済変数で回帰し，その影響を取り除いたモデル1を見ると，冷蔵庫では1年から4年後，テレビでは2年，3年後，そして洗濯機では1年，2年後に有意な正の相関が検出されている．また株価だけで補正したモデル2でも，モデル1に比べて若干相関係数は低くなるものの同様な正の有意な相関が見出せている．これは，現在のCSが高ければ，それが1年から4年遅れで，シェア増として結びついてくるという関係を，補正によって浮き上がらせることができたことを示すものであると同時に，CS向上がシェア増に結びつくということのエビデンスでもある．

またこれは同じデータで各社のCSを，同一時点の相対CS（各社のCSから，業種の全体平均のCSを引くことで経済変動バイアスを除去したもの）で分析し，買い替えサイクルの遅れでCSがシェア増に結びつくとした結果と一致する（池庄司他，2003）．

(2) 病院のケース

次に対象とする病院は，埼玉県にある病床数 40，職員約 100 名(医師 10 名，看護師 37 名)の胃腸科を専門とする K 病院の CS データセットである(フランク他，2009)．1969 年創立以来「医療は究極のサービス業」の基本理念にもとづき，1987 年から CS 調査を開始し，その結果を病院経営の改善にフィードバックする CS 経営が実践されている．1997 年には病院機能評価認定の第 1 号となったほか，1998 年通商産業大臣表彰消費者志向企業，2001 年に日経優秀先端事業所賞など，多くの認証・表彰を受けている．

患者を対象とした CS 調査は，1989 年，2004 年を除いて毎年定期的に行われている．質問項目は「外来」(医師や看護サービス，診療システムに関する 20 項目)，「設備」(施設・設備に関する 10 項目)，「病棟」(入院に関する医師，看護，給食等サービスに関する 11 項目)からなる．外来患者は「外来」+「設備」，入院患者は「病棟」+「設備」に，5 段階(1：満足⇔5：不満)で答える調査となっている．その後，病棟設備の拡充や診療システムの改善などにより質問項目が追加・変更され，2006 年度の調査では「全体評価」および「外来」20 項目，「設備」14 項目，「病棟」14 項目となっている．

調査は基本的にはある時期における外来，入院の全患者を対象としたものであり，例えば 2006 年のサンプル数では，外来 222，入院 132 である．図 3.3 は，

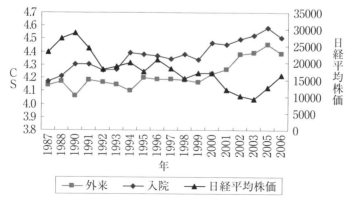

図 3.3　外来・入院患者の CS と対応する調査年の日経平均株価の変動

3.2 景気観バイアスを取り除いて初めて企業努力を反映したCSの経営成果が発現 83

K病院のCSデータについて日経平均株価との関係を示したものである．耐久消費財のデータと異なり，バブル期とそれ以降の約20年のデータであり，また絶え間ない改善努力により一見して単調な上昇傾向に見られるが，バブル期の1987年から1990年(1989年は欠落)と，2005年以降の景気回復期のところで特に外来のほうで下降傾向が観察される．同じく株価との相関係数を計算すると，外来患者の場合には，$-0.752 (p = 0.000)$，そして入院の場合，$-0.773 (p = 0.000)$であり，耐久消費財の場合と同様に，高度に負の相関が見られる．

K病院の経営成果として2種類の指標を考える．一つは，CS向上の直接的な効果として製品の場合の売上増に相当する新規患者の増加数であり，もう一つは，医業経営の健全性を示す医業収支率(小さいほど望ましい)である．近年の度重なる診療報酬や薬価の切り下げにより医業収支率は全国平均で97.5 (2005年)であるのに対して，K病院の場合は88.0という極めて健全な状態が維持されている．

表3.6は，耐久消費財の場合と同様に，原CS値，フルモデルの残差によるモデル1，株価のみで回帰した残差のモデル2の3つの場合の相関を示したものである．

表3.6 補正方法によるK病院のCSと遅れを考慮した経営成果との相関係数(p値：片側)

		原CS値		モデル1		モデル2		
	遅れ	r	p	r	p	r	p	N
新規来院者数	0年	0.895	(0.000)	0.736	(0.001)	0.912	(0.000)	16
	1年	0.818	(0.000)	0.237	(0.198)	0.548	(0.017)	15
	2年	0.793	(0.000)	−0.003	(0.496)	0.337	(0.110)	15
	3年	0.898	(0.000)	0.170	(0.273)	0.526	(0.022)	15
	4年	0.852	(0.000)	0.146	(0.309)	0.254	(0.191)	14
	5年	0.809	(0.000)	−0.136	(0.328)	0.153	(0.309)	13
医業収支率	0年	0.053	(0.446)	0.457	(0.108)	−0.145	(0.355)	9
	1年	0.142	(0.358)	−0.039	(0.460)	−0.109	(0.390)	9
	2年	−0.064	(0.430)	−0.079	(0.414)	−0.074	(0.420)	10
	3年	−0.052	(0.443)	−0.193	(0.297)	0.068	(0.426)	10
	4年	−0.310	(0.192)	−0.316	(0.187)	−0.142	(0.348)	10
	5年	−0.432	(0.106)	−0.103	(0.389)	−0.564	(0.045)	10

まず，新規来院者数については，一見，原CS値の結果が良いようにも見えるが，5年後まですべて同程度の相関係数で高度に有意という不自然な結果を示している．一方，補正を行った場合には，特にモデル2では同一時点での相関は0.912(p = 0.00)と，原CS値よりも相関係数は高く，その後減衰するというより理解しやすい結果を示している．数年オーダーの買替サイクルの耐久消費財と比べて，病院サービスの場合はCSの効果は口コミなどをとおしてより短期的に現れるものと考えられる．

さらに，その値が小さいほど望ましい医業収支率でも，モデル2が唯一その効果として5年後に有意な負の相関（医業収支率は小さいほど望ましい）が現れている．新規来院者数と異なり，前述したように度重なる診療報酬や薬価の切り下げなどの病院経営を取り巻く厳しい環境を克服しながら医業収支率を改善に結びつけるためには，それだけの年数を要するということであろう．

以上より，K病院の場合でも隠れていたCSと経営成果との関係について，補正により妥当と思われる結果を導き出すことができることを示した．ただし，耐久消費財の場合と異なり，モデル1よりもモデル2，株価のみによる単純な補正方法のほうが妥当な結果を示し，実用的にはこの方法を用いるのが妥当であろう．

(3) ファストフードのケース

最後に，海外の事例を紹介しておこう．例えば，ファストフードの米国マクドナルドのCSは，ACSIのデータベースから，1994年から2003年，2005年，2006年の計12年の経年データが利用できる．これに前述のモデル1，モデル2の株価に相当する米国経済の変数として，ダウジョーンズ平均株価，実質GDPそして時間遅れの変数を用いて変数減少法で回帰すると，株価とGDPが有意となり，それぞれt値は-2.874(p = 0.018)，2.881(p = 0.018)（調整済R^2 = 0.380）となる．この傾向は，株価が負，GDPは正の影響という**2.5節**で分析した日本の耐久消費財の場合と同じである．

この結果を用いて，マクドナルドの経営成果の指標として，売上高，営業利益を取り上げ3つのモデルで1年，2年遅れを含めて相関係数を計算すると**表3.7**のようになる．株価のみで補正するモデル2のみが，企業努力の結果であ

表3.7 ACSIにもとづく米国マクドナルドのCSと売上, 利益の相関係数(p値:片側)

	遅れ	原CS値		モデル1		モデル2		N
		r	p	r	p	r	p	
売上	0年	0.325	(0.151)	0.022	(0.473)	0.867	(0.000)	12
	1年	0.229	(0.249)	−0.065	(0.425)	0.792	(0.001)	11
	2年	0.228	(0.263)	0.159	(0.331)	0.789	(0.002)	10
営業利益	0年	0.330	(0.147)	0.055	(0.432)	0.866	(0.000)	12
	1年	0.233	(0.245)	0.037	(0.457)	0.852	(0.000)	11
	2年	0.165	(0.325)	0.181	(0.308)	0.836	(0.001)	10

る売上, 営業利益ともに高度に有意で高い相関を示している.

　以上の結果を踏まえると, モデルの簡便さに加えて, K病院や米国マクドナルドの結果からも株価のみを用いるモデル2が, 補正方法として妥当なものと考えられる.

　CS経営を掲げて自社内でCSを測定し, その結果を経営にフィードバックしようという試みをしている企業は多い. しかしながら, 経年的に比較可能な形式で調査を行っている企業は案外少ない. 加えて, 本節で述べたように自社の経営努力と無関係な経済変動にCSは敏感に影響を受ける. 少なくとも, 比較時点の平均株価のトレンドを調べ, CSはそれと逆のトレンドとなることを考慮して, それを割り引いて評価を行うことが肝要である.

3.3　CSからロイヤルティへ：やはり著しく大きい企業イメージの影響

　これまでシェアなどの経営成果とCSの関係を見てきたが, 次にシェア増に至る前のロイヤルティとの関係について考える. ロイヤルティ(loyalty)とは, 製品・サービスあるいは企業やブランドに対する忠誠度であり, 再購買や口コミなどをとおして製品・サービスあるいは企業やブランドに愛着や信頼を抱くことと定義される. しかしながら, 顧客の意識と行動とは必ずしも一致するとは限らない. 意識としてのロイヤルティの高低, そして再購買などの行動とし

てのロイヤルティの高低を組み合わせると，次の4つのパターンに分類される．

「意識・行動ともに高い場合」が，真のロイヤルティであり，「意識は低いが行動が高い場合」は，後述するスイッチングコストによる障壁で再購買を強いている見せかけのロイヤルティといえる．一方，「意識は高いが行動が伴わない場合」は，利用・購買したいけれども予算や入手可能性が低い場合に相当する．そして「意識も行動も低い場合」には，ロイヤルティなしとなる．

第4章では，ブランドロイヤルティに関連した企業（ブランド）イメージについて論じるが，ロイヤルティの代理変数として再購買意図と口コミで測定した世界8カ国・地域の調査データにもとづき，CSとの関係について見てみよう．一般にCSが高いほどロイヤルティが高くなるというCS-ロイヤルティ曲線が知られている．図3.4は，世界8カ国・地域の10の製品・サービスをすべてプールした横軸にある10段階のCSの各段階の消費者の再購買意図の平均値（縦軸）を示したCS-ロイヤルティ曲線である．

平均をとっているために，CSの上昇とともに単純な増加関数（1から3にかけて少し急に立ち上がり3から5でフラットになり6からまた急に立ち上がるという傾向）のように見えるが，個々の消費者の実際の点をプロットすると各段階で大きなばらつきをもっている．言い換えれば，CS以外のさまざまな要因が絡んでいることが推察される．その一つが次節で取り上げるスイッチングコストであり，製品とサービスに層別すると，スイッチングコストが高いサービスのほうが上のほうにシフトした，図3.4のようなイメージの曲線となる．

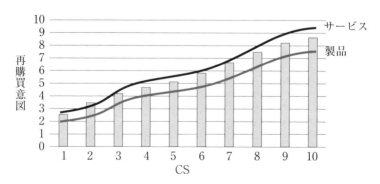

図3.4 世界8カ国・地域の10製品・サービスをプールしたCS-ロイヤルティ曲線
　　　（N =約50,000）

それでは，CSを生成する要因も含めて再購買意図，口コミまで，どのようなメカニズムが働いているのであろうか．そこで図3.4と同じデータから，企業イメージ，事前期待，知覚品質，知覚価値，CS，再購買意図，口コミまで，どのような因果モデルになっているのか，パス解析をした結果を示そう．図3.5がその結果である．

ここで示したパスはすべて統計的に有意であり，再購買意図と口コミの間には再購買意図から口コミに向かった矢印となっている．モデルの適合度はRMSEAが0.031でCFIが0.999で十分なものとなっている．また矢印の標準化係数が0.3以上のものは太線の矢印で示している．この結果からわかるように，CSから再購買意図よりも，CSへの一番支配的な要因であった企業イメージが直接的に再購買意図に強く効いていることが特筆される．

このことを具体的に示したのが，表3.8である．行の指標に対する列に示す先行要因指標の直接効果と間接効果を合わせた総合効果が示されている．これより，再購買意図に対する総合効果は，CSが0.204に対して企業イメージが0.629と圧倒的に大きく，知覚品質も0.277とCSよりも大きいという予想外の結果を示している．再購買意図から口コミの効果は0.304と小さくないが，口コミについても，企業イメージの総合効果が圧倒的に大きく，やはり次に知覚

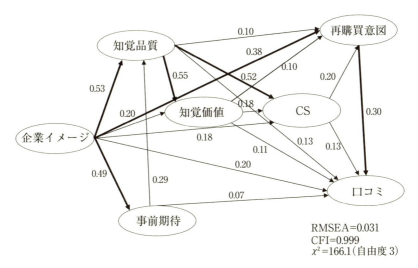

図 3.5　企業イメージからCS，再購買買意図，口コミまでの因果パス構造

表 3.8　各指標(行)に対するその先行要因指標(列)の標準化総合効果

	企業イメージ	事前期待	知覚品質	知覚価値	CS	再購買意図
事前期待	0.488					
知覚品質	0.671	0.295				
知覚価値	0.563	0.161	0.547			
CS	0.623	0.181	0.615	0.180		
再購買意図	0.629	0.082	0.277	0.139	0.204	
口コミ	0.643	0.169	0.343	0.177	0.191	0.304

表 3.9　製品・サービスに層別した場合の標準化総合効果

製品	企業イメージ	事前期待	知覚品質	知覚価値	CS	再購買意図
事前期待	0.438					
知覚品質	0.607	0.322				
知覚価値	0.490	0.177	0.551			
CS	0.543	0.213	0.662	0.155		
再購買意図	0.615	0.094	0.291	0.093	0.154	
口コミ	0.604	0.190	0.365	0.146	0.173	0.324
サービス	企業イメージ	事前期待	知覚品質	知覚価値	CS	再購買意図
事前期待	0.510					
知覚品質	0.706	0.265				
知覚価値	0.601	0.142	0.535			
CS	0.669	0.151	0.567	0.194		
再購買意図	0.664	0.080	0.300	0.192	0.256	
口コミ	0.668	0.149	0.329	0.202	0.204	0.287

品質となっている．繰り返しになるが，ここでいう CS とはモナディク尺度(1回の購買・使用経験にもとづく)であり，企業イメージはその累積されたものと考えるべきである．

次に図 3.5 のパス解析を製品とサービスに層別して分析してみよう．その際のモデルの構造，矢印の向きは全体のものと双方同じで，当てはまりの指標は製品では，RMSEA = 0.017，CFI = 1.000，χ^2 = 23.8(自由度 3)，サービスでは，RMSEA = 0.024，CFI = 1.000，χ^2 = 62.0(自由度 3)でいずれも大変良いモデル適合度の結果を示している．表 3.8 に対応した製品，サービスそれぞれの総合効果を示したものが表 3.9 である．

表より製品に比べてサービスのほうがいっそう，再購買意図，口コミに対する企業イメージの効果が若干大きいことがわかる．製品のほうは，CS では知覚品質のほうが企業イメージより大きくなるが，サービスでは CS でも企業イメージのほうが大きい．なお，ここでの議論は，企業イメージの事前期待，知覚品質，知覚価値，そして CS も介した間接効果を合わせた総合効果についての話であり，CS と企業イメージの再購買意図への直接効果だけを比べると，製品・サービスによっては CS のほうが大きくなる．例えば，シャンプー，ファストフード，病院などである．

以上より，ロイヤルティ（再購買意図，口コミ）に与える影響，特にサービスでは企業イメージの影響が圧倒的に大きい．これが CS-ロイヤルティ曲線の CS に対する再購買意図のばらつきが大きい原因でもある．言い換えれば，ロイヤルティは 1 回限りの経験にもとづく CS では，企業イメージを損なわない限りなかなか変わらないことを意味する．逆にいえば企業イメージを変えるようなマイナスの経験があれば，ロイヤルティを著しく損なうことを意味する．

表 3.10 は，第 2 章の表 2.4 に対応して，日本，ドイツ，米国，中国による再購買意図へ至る総合効果の違いを示したものである．表 2.4 の CS の場合と同様に，ドイツ，日本，中国，米国の順で，どの国もやはり企業イメージの効果が最も大きいが，日本，中国では再購買意図への企業イメージの効果が CS よりも大きいのに対して，ドイツ，米国では逆に企業イメージの効果が CS よりも小さくなっている．また，特に中国の場合は，CS から再購買意図のパスがないことが興味深い．

ここに掲げなかったフランス，タイ，ボリビア，ウイグルについては，2.4 節の CS 生成メカニズムと同様に，企業イメージの再購買意図への総合効果は，タイ 0.618，ボリビア 0.674，フランス 0.675，ウイグル 0.677 で，日本と中国との中間に位置する．ただし，CS から再購買意図のパス係数は，中国と異なり米国と同程度の有意な効果が認められた．少し特異なのはインドネシアで，0.460 とドイツよりも小さい．**付録 2** に示すように平均 CS（民間）では米国に近いのに，企業イメージの影響は小さく米国に一番遠い．

以上のように再購買意図の生成メカニズムも，CS と同様に国によって大きく異なり，特に企業イメージの影響度については **2.7 節**で示した国の文化スコ

表 3.10 日本，ドイツ，米国，中国による CS へ至る総合効果の違い

		企業イメージ	事前期待	知覚品質	知覚価値	CS
日本	事前期待	0.509				
	知覚品質	0.623	0.353			
	知覚価値	0.488	0.199	0.565		
	CS	0.556	0.231	0.654	0.186	
	再購買意図	0.593	0.121	0.342	0.154	0.236
ドイツ	事前期待	0.438				
	知覚品質	0.566	0.323			
	知覚価値	0.399	0.193	0.599		
	CS	0.503	0.213	0.659	0.205	
	再購買意図	0.480	0.127	0.394	0.181	0.263
米国	事前期待	0.513				
	知覚品質	0.781	0.252			
	知覚価値	0.692	0.116	0.459		
	CS	0.770	0.130	0.514	0.118	
	再購買意図	0.765	0.022	0.089	0.067	0.126
中国	事前期待	0.475				
	知覚品質	0.765	0.243			
	知覚価値	0.745	0.149	0.426		
	CS	0.727	0.212	0.427	0.212	
	再購買意図	0.737	0.028	0.099	0.091	—

アで定量的に説明可能である．

3.4 ロイヤルティへのスイッチングコストの影響

スイッチングコストとは，現在使用・利用している製品・サービスについて，別の企業やブランドに切り替える際の顧客側のコストである．ここでコストとは，

- 金銭，手間，時間，あるいは品質上のリスクであり機会損失を含むロスである(後述の SC1(コスト))．継続コスト，学習コストとも呼ばれる．
- また店員や友人との関係，ユーザー同士のコミュニケーション，あるいは自身のブランドアイデンティティなどの人間関係を損ねることあるいはそのリスクである(後述の SC2(人間関係))．心理的な知覚損失につな

がるサンクコストに相当するものである．

これらが高いと同じCSでも再購買意図は制限を受けるため，CS-ロイヤルティ曲線を押し上げ，逆に低いと制限を受けないため，CS-ロイヤルティ曲線は下がるはずである．

一方，企業側からすれば，顧客囲い込みの手段として，スイッチングコストを高める戦術がとられる．今や氾濫している購買・利用によるポイントやマイレージの付与，会員制や○○クラブといったユーザーの集まりや催しなど枚挙に暇がない．少し特殊な例として，日本だけに見られるシャンプーの詰め替えパックも，エコという意味とともに新たな容器のブランドを買い替えるよりもお得という消費者のスイッチングコストをくすぐる一種の戦術であるといえよう．

一方，スイッチングコストに関する研究は，業種によってスイッチングコストが大きく異なり，これによりCS-ロイヤルティ曲線の形状が異なるというものであった．代表的なものにJones他(1995)がある．図3.6に示すように，スイッチングコストが高い電話会社や航空会社ではCS-ロイヤルティ曲線が，CSが低くてもロイヤルティが高い上に凸な曲線になり，中程度の病院では直線的，そして低いPCや自動車では，CSが高くてもロイヤルティがなかなか高まらない下に凸な曲線となるというものである．

このようにスイッチングコストがCSとロイヤルティの間のモデレータとして作用し，その形状が決まるというのはわかりやすい理論であるが，筆者らの調査によれば，当時の産業を取り巻く環境変化も含めて，実際にはかなり異な

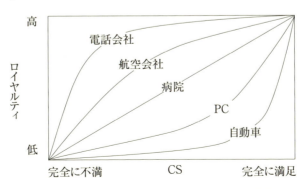

図3.6　CS-ロイヤルティ曲線のスイッチングコストによる概念図(Jones他，1995)

るようである．山本他(2000)は，Jones らの研究を受けて，日本における CS-ロイヤルティ曲線を描いたが，いずれも上下の違いのほか，いずれも直線的で特に形状の違いが見られず，病院，銀行＞携帯＞シャンプー＞自動車，PC＞テレビといった順でスイッチングコストが高く，病院が最も上でテレビが一番下に位置するものであったことを示している．

そこで，これまでと同様に，携帯，PC，シャンプー，自動車の4製品，病院，美容院，銀行，スーパーマーケットの4サービスを取り上げて，世界8カ国・地域のデータからこのことを調べてみよう．そのときのスイッチングコストの測定は，図 2.4 の2つの質問，すなわち前述の金銭，手間，時間に関する SC1(コスト)と，人間関係に関する SC2(人間関係)である．

まず全体の CS-ロイヤルティ曲線は，前掲の図 3.4 であり，前述したように CS を説明変数とする曲線を当てはめても，線型の1次項が有意になるだけであった．製品・サービス別に同様な分析をしても同じであり，その1次項の偏回帰係数は，表 3.11 に示すとおりである．美容院＞シャンプー＞病院＞スーパー＞銀行＞PC＞携帯＞自動車の順であり，シャンプーを除いて，サービスが上位を占め，CS-ロイヤルティ曲線(直線)の傾きが大きいという傾向を示した．製品・サービス別の偏回帰係数を求めても，サービスのほうが統計的有意差をもって，大きい偏回帰係数をもつ．

それでは，このような CS-ロイヤルティ直線にスイッチングコストがどのよ

表 3.11　CS-ロイヤルティ直線の偏回帰回数とスイッチングコスト

		回帰係数		SC1(コスト)		SC2(人間関係)	
製品	携帯	0.60	0.67	5.70	5.02	2.72	2.67
	PC	0.65		5.10		2.35	
	シャンプー	0.82		4.03		2.11	
	自動車	0.56		5.26		3.51	
サービス	病院	0.75	0.77	5.80	5.61	3.52	3.19
	美容院	0.83		5.90		4.28	
	銀行	0.68		6.24		2.66	
	スーパー	0.73		4.49		2.29	

うに影響しているのであろうか．直線の傾きに統計的有意差をもって効いているのは次の3つである．

① 製品に比べてサービスのほうが傾きが大きく，上に位置する．
② 製品・サービスに限らず，SC1(コスト)が低いほど傾きが大きい．
③ サービスについては，SC2(人間関係)が高いほど傾きが大きい．

これを概念図にしたものが**図3.7**である．傾きが大きいということは，それだけCSの大小がロイヤルティにより敏感に効くということであり，①は表3.9にあるように，サービスのほうが再購買意図や口コミへのCSの効果が大きいということに一致する．また②のSC1(コスト)が低いほど傾きが大きいということは，小さいほど再購買意図への障害が除かれCSの効果がストレートに再購買意図につながるということであり，シャンプーはその好例である．そして最後に③のサービスの場合にのみSC2(人間関係)のスイッチングコストが効くというのは，高いCSのときには再購買意図がさらに強化され，逆に低いCSを経験すると再購買意図が大きく損なわれるという意味で，傾きが大きくなることで説明できる．その典型例が美容院である．

以上のような傾向は，スイッチングコストは，CS-ロイヤルティ曲線に特有のモデレータ(調整変数)として作用するというよりも，ロイヤルティに影響する変数としてCSとは独立にロイヤルティを大きくする独立変数と考えたほうがシンプルでわかりやすい．なお，スイッチングコストのCS-ロイヤルティ曲線への影響は，国によって大きなパターンの違いは見られなかった．

スイッチングコストを消費者個人がもつ文化特性と考えると，逆の文化特性

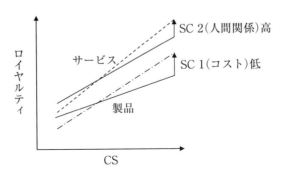

図3.7 CS-ロイヤルティ曲線へのスイッチングコストの効果の概念図

が多様性追求(variety seeking)欲求である．多様性追求欲求とは，特に理由もなく過去に最も好んでいたブランドから他のブランドへ移ることや，不規則に複数のブランドの間のスイッチング行動を繰り返すことである．変化に関する願望や製品選択におけるリスクテイキング行動などは個人の価値観に依存し，特に個人主義が高く，不確実性回避が弱い人ほどその傾向が強いといわれる．

荻久保他(2008)は，日本における8つの製品・サービスについての調査データをもとに，再購買意図とCSとの関係を，スイッチングコスト，多様性追求欲求とともに分析し，CSとともにスイッチングコストがプラスに，そして多様性追求欲求がマイナスに有意な影響を及ぼすことを示している．さらにスイッチングコストの大小で層別したうえで，同じ分析をしても結果は変わらないことで，スイッチングコストが再購買意図のCSとの関係のモデレータとしてではなく，独立変数として作用しているという，前述と一致した結果を与えている．

3.5 日本人は良い口コミを控え，悪い口コミをする

次に図3.5における再購買意図から口コミに至るパスについて考えてみよう．無論，平均的には再購買意図が高いほど，他者に推奨するなどの良い口コミにつながる．しかしながら，このパスには個人の文化特性が強く関与する．加えて，「良い口コミをする」ことと，「悪い口コミをする」とでは，別のメカニズムが働く．例えば，Liu他(2001)そしてLam他(2009)は，個人主義，不確実性回避との関係を論じているが，前者が銀行サービスという特定の業種に限っていること，調査のサンプル数も少ないためか，必ずしも口コミとの関係は一致していない．

そこで新たに大サンプルで国の違いも含めた分析結果を紹介しよう．これはこれまで何度も用いてきた世界8カ国・地域の調査をフォローアップする追加調査にもとづくものである．2012年から2014年にかけて携帯電話やTシャツ，ファストフードなどを対象にし，日本，米国，フランス，エクアドル，ボリビア，スリランカで実施したものにもとづく(調査対象品目は国によって異なる)．そこでは文化項目に加えて価値観(パーソナル文化，パーソナリティ)に関する

項目や，CS 関連指標の質問項目についても大幅に関連した研究を取り込んで充実させ，さらに経験品質にかかわる質問項目を追加している．口コミに関していえば，良い口コミ（○○を他人に勧めるか，○○を友人や家族に購入するように促すか），悪い口コミ（○○を購入しないように友人や家族に促すか，○○を購入しないよう他人に促すか）に分け，それぞれ 2 問を「決してない」から「極めてしばしば」までの 10 段階で答える設問を設定している．

結果を紹介しよう．T シャツについては，日本（360），米国（292），スリランカ（357），エクアドル（426），携帯電話では，日本（393），米国（375），スリランカ（417），エクアドル（432），ボリビア（772），フランス（159）の良い口コミ，悪い口コミのスコア（括弧内は N 数），すなわちそれぞれ 2 問の平均を 0，標準偏差 1 とする因子得点の各国の平均値を計算した．それを図示したのが，T シャツの場合の図 3.8，携帯電話の場合の図 3.9 である．

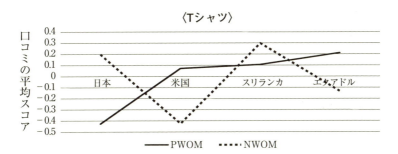

図 3.8 T シャツの良い口コミ（PWOM：実線），悪い口コミ（NWOM：点線）の国別の平均スコア

図 3.9 携帯電話の良い口コミ（PWOM：実線），悪い口コミ（NWOM：点線）の国別の平均スコア

この場合も，**図 3.4** の CS-ロイヤルティ曲線に対応して，CS や知覚品質を横軸，口コミのスコアを縦軸にした図を描いても，また相関係数を計算しても，たしかに良い口コミとは統計的有意な正，悪い口コミとは負の相関はあるものの同じ CS や知覚品質でも，口コミのスコアのばらつきが非常に大きい．唯一，顕著な傾向を示したのが，国による口コミの平均スコアの違いで，無論，高度な有意差を示した．加えてその傾向は，T シャツでも携帯電話でも共通である．

　図 3.8，図 3.9 に共通して何より驚くべきことは，日本の良い口コミは，他国比べて著しく低いということである．反対に悪い口コミはほぼ高い．米国，フランスは逆のパターンである．他の国は良い口コミも悪い口コミも同じようにする．要する日本は，「悪い口コミはするが，良い口コミはしない」というたいへん特異な消費者行動の文化をもっているということである．

　このパターンと，質問紙に含まれる 40 の個人の価値観（パーソナル文化，パーソナリティ）の項目との関係を分析すると，以下の 3 項目に対する日本の平均値が著しく低く，この文化・価値観と関連したものであることが示唆される．その文化・価値観とは，次の文章の否定形である．

- 全体的に，私は私自身に対して**満足**している．
- 私は私自身を**価値のある人間**だと思っている．
- 私は私自身に対し，**自信**をもっている．

これは，日本文化論でいわれる自己批判（self-criticism）文化，あるいは内田（2009）のいう相対劣位の感覚に相当するものであろう．

　自分が良い思ったことに対して自信をもって他人に言うのは，自分を"自慢する"というような感覚を相手に与えることを恐れて控えるが，ネガティブなほうでは自分を"蔑む"ような感覚から口コミをする，というものであろう．このようなネガティブな経験を積極的に発信されることが，メーカー側における刺激となり日本製品の品質が磨かれた源泉となったのではなかろうか．一方で，良いほうの口コミはなかなか伝わらず，過度にネガティブな声を恐れて高品質，多機能を追求したことが，ガラパゴス化現象の一因を形成しているように思えるが，どうであろうか．

　さらに次節に述べる情緒的価値と実用的価値に対する態度の違いに，相対劣位の感覚が影響しているのかも知れない．なお，良い口コミについては，個人

主義ほどグループ外の人に積極的に行い，不確実性回避が高いほどグループ内でも積極的な口コミはしないという研究があり(Lam 他，2009)，日本の高不確実性回避の性向も一部影響している可能性がある．

3.6 ヘドニック(情緒的)価値はユーティリタリアン(実用的)価値を凌駕する

　高いCSを引き出し，ロイヤルティやワクワク感に結びつける視点として，「異なる製品ベネフィットは，異なる消費者感情とロイヤルティ行動をもたらす」とする(Chitturi 他，2008)，心理学的アプローチを紹介しよう．製品ベネフィットの違いには，第1章で述べた魅力的品質-当たり前品質，本質機能-表層機能にも対応するが，これらもある意味結果であり，よりその源泉とそれがもたらすメカニズムにまで迫ってみよう．

　Batra 他(1991)や Voss 他(2003)は，ヘドニック(快楽性)，ユーティリタリアン(実用性)の2つのベネフィットあるいは価値を定義し，それらを測定する尺度を与えている．快楽性とは「製品の所有・使用によって感覚や感情(楽しさ，喜び，興奮など)がもたらされ，経験としての価値が得られるもの」である．対して，実用性とは「製品の所有・使用によって消費者の目的の達成や，問題の解決がもたらされ，結果としての価値が得られるものを重視するもの」である．ヘドニックの直訳は快楽性であるが，ヘドニックを情緒的価値(ベネフィット)，ユーティリタリアンを実用的価値(ベネフィット)という言葉を用いることにする．

　Higgins(1998)が提唱した制御焦点理論を用いることによって，CSやロイヤルティに違いが生じるメカニズムが説明される．人は不快を回避し快に接近することで好ましい結果を得ようとするが，制御焦点理論では，この不快回避と快接近とでは異なる目標を人は設定しているため，その後の行動に差が生じるとする．つまり，快接近では好ましい状態を促進することを目標(プロモーションゴール)とし，目標達成により楽しさや興奮といった感情をもつ．一方，不快回避では自らを抑制・防衛することを目標(プリベンションゴール)とし，目標達成により安心や信頼といった感情をもつ，ということである．

そしてそのような目標設定から，快楽的ベネフィット，すなわち情緒的価値が期待レベルを上回るとき，実用的価値の場合より消費者は満足より高い覚醒レベルのワクワクに結びつく正の感情である喜びを有する．感情の進化心理学理論によれば，感情の覚醒レベルが高いと，行動傾向も強くなる．つまり，ロイヤルティ行動(ポジティブな口コミや再購買意図)をとりやすいとしている．一方，実用的価値が期待レベルを下回るとき，情緒的価値の場合より消費者は不満より高い負の覚醒レベルの負の感情である怒りを有するため，非ロイヤルティ行動(ネガティブな口コミや非購買意図)をとりやすい．情緒的価値は実用的価値に比べ，ロイヤルティに対しより大きな影響を与えるといえる．**図 3.10** はこれを図示したものである．

このモデルにもとづく調査・分析の一部を紹介しておこう．これは前節の世界6カ国の調査に先駆けて2011年末に日本で行った携帯電話の事例である(江澤，2012)．先の世界8カ国・地域と同様な文化特性，CS関連尺度に加えて，情緒的価値，実用的価値も同時に測定している．その測定尺度は，**表 3.12** に示すような Voss 他(2003)の測定尺度を参考にしたものを用いる．現在使用している携帯電話に対し，AとBの2つの形容詞の間で，7段階のどの位置に対応するかを答えてもらうものである．

分析に用いたサンプル数350(男性231，女性119)で学生が半数弱を占めるが，

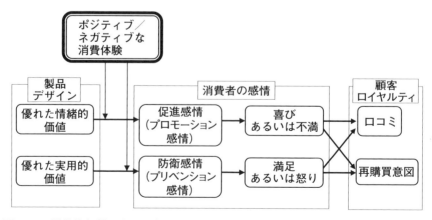

図 3.10　情緒的価値，実用的価値がロイヤルティに与える制御焦点理論にもとづくメカニズム

3.6 ヘドニック(情緒的)価値はユーティリタリアン(実用的)価値を凌駕する

表 3.12 情緒的価値・実用的価値に関する質問の一部抜粋

製品価値	A	A ◄―――► B -3 -2 -1 0 1 2 3	B
実用的価値	無能だ		有効だ
	役立たない		役立つ
	機能的でない		機能的だ
	実用的でない		実用的だ
情緒的価値	楽しくない		楽しい
	喜ばしくない		喜ばしい
	ワクワクさせない		ワクワクさせる
	愉快でない		愉快だ

スマートフォン,フィーチャーフォンの割合は 150 と 177 でほぼ半々である.表 3.12 から得た調査データを因子分析で分析すると情緒的価値,実用的価値にそれぞれ対応する因子が抽出され,対応する因子得点をそれぞれのスコアとした.情緒的価値の因子への重みとしては,特に「楽しい」,「ワクワクさせる」という 2 つの項目のウェイトが高くなっている.図 3.11 の上に,スマートフォン,フィーチャーフォンそれぞれの情緒的価値,実用的価値の平均スコアを示す.スマートフォンのほうが特に圧倒的な差で情緒的価値が優れていることがわかる.

図 3.11 の下には,同じくスマートフォン,フィーチャーフォンに層別したうえで,CS,再購買意図,口コミ(良い)の平均スコアも示してある.いずれもスマートフォンのほうが高いが,特に口コミについて大きな差がある.この差がどこからくるのかを示すために,パス解析を行った結果が,図 3.12 であり,矢印については有意となったものを示してある.ここではスマートフォン,フィーチャーフォンに層別した結果のみを示すが,全体の場合はほぼスマートフォンと同じとなる.当てはまりについてはサンプル数が少ないためか,特にRMSEA の値などに十分ではないところがあるものの,ここではスマートフォンとフィーチャーフォンの構造上の違いに着目してほしい.

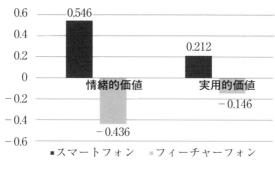

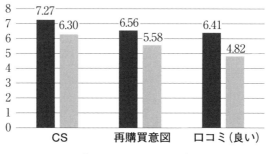

図 3.11　スマートフォン，フィーチャーフォンの価値（上），CS 関連尺度（下）の違い

　スマートフォンでは，情緒的価値，実用的価値ともに CS に正の影響を与え，それを介して再購買意図，口コミにも正と影響を及ぼしている．一方，再購買意図，口コミへの直接効果については，実用的価値は再購買意図のみで，口コミへの直接効果はない．これに対して情緒的価値は双方への直接効果があり，その係数はむしろ口コミのほうが大きい．一方，図 3.12 の下に示すように情緒的価値のスコアが小さいフィーチャーフォンでは，情緒的価値，実用的価値のいずれも再購買意図，口コミへの直接効果はなく，CS を介した効果のみである．

　以上のことから，CS に対しては実用的価値，情緒的価値は同じく正の影響を与えるのに対して，CS からの効果にプラスしてロイヤルティ，特に口コミへの直接効果をもたらすのは，情緒的価値であることがわかる．すなわち，顧客価値のなかの「ワクワクさせる」，「楽しい」という情緒的価値を刺激することによって CS だけでなく，ロイヤルティに直結させることができる，という

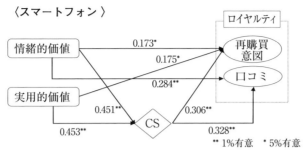

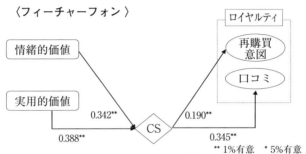

図 3.12 スマートフォンとフィーチャーフォンを別々にパス解析した結果

示唆を与えるものである．

なお，西山(2010)は，世界8カ国・地域の調査データのなかで，利用目的を聞いているPC，自動車，シャンプー，携帯電話の4製品について，目的を快楽的(情緒的)と実用的に分け，それぞれの知覚品質，知覚価値，CS，再購買意図，口コミ，企業イメージのスコアを求めると，日本を始めとする先進国では，快楽的目的のほうがほとんどの指標でスコアが高くなることを示している．この事実も，顧客価値を考えるうえで，情緒的価値を高めるような製品・サービス設計を行うことの重要性を示しているといえる．

以上，本章ではCSに潜むバイアスを補正することで，CSを高めることがシェア増などの経営成果につながること，またCSを含めたロイヤルティ指標の先行要因のメカニズムと，その国による違いがあることを示した．それ以上に企業イメージや情緒的価値がロイヤルティにCSを介した間接効果以外に直

接効果ももつという実務上極めて重要な事実を解明することができた．すなわち，品質設計上の着眼点としてのワクワク感を引き出すようなベネフィットを与えること，そしてブランド戦略などの方策を並行的に行うことの重要性である．同時に文化の影響も示唆したが，これらはいずれも**第5章**以降で述べる顧客価値創造のための5つの戦略について，その根拠を与えるものである．

参 考 文 献

Anderson, E. W., C. Fornell and D. R. Lehmann(1994)："Customer Satisfaction, Market Share, and Profitability: Findings From Sweden," *Journal of Marketing*, Vol. 58, No. 3, pp. 53-66.

Batra, R. and O. T. Ahtola(1991)："Measuring the Hedonic and Utilitarian Sources of Consumer Attitude," *Marketing Letters*, Vol. 2, No. 2, pp. 159-170.

Chitturi, R., R. Raghunathan and V. Mahajan(2008)："Delight by Design: The Role of Hedonic Versus Utilitarian Benefit," *Journal of Marketing*, Vol. 72, No. 3, pp. 48-63.

Fornell, C.(1992)："A National Customer Satisfaction Barometer: The Swedish Experience," *Journal of Marketing*, Vol. 56, No. 1, pp. 6-21.

Fornell, C. (1995)："The Quality of Economic Output: Empirical Generalizations about Its Distribution and Relationship to Market Share," *Marketing Science*, Vol. 14, No. 3, Part 2 of 2, pp. G203-G211.

Griffin, A. and J. R. Hauser(1993)："The Voice of the Customer," *Marketing Science*, Vol. 12, No. 1, pp. 1-27.

Hellofs, L. L., and R. Jacobson(1999)："Market Share and Customers' Perceptions of Quality: When Can Firms Grow Their Way to Higher Versus Lower Quality?" *Journal of Marketing*, Vol. 63, No. 1, pp. 16-25.

Higgins, E.T.(1998)："Promotion and Prevention: Regulatory Focus as a Motivational Principle," in M.P. Zana(ed.), *Advances in Experimental Social Psychology*, Vol. 30, Academic Press, pp. 1-46.

Jones, T. Q. and W. E. Sasser(1995)："Why Satisfied Customers Defect"，*Harvard Business Review*, Nov.-Dec., pp. 88-99.

Lam, D., A. Lee, and R. Mizerski(2009)："The Effects of Cultural Value in Word-of-Mouth Communication," *Journal of International Marketing*, Vol. 17, No. 3, pp. 55-70.

Liu, B. S., O. Furrer and D. Sudharshan(2001)："The Relationship Between Culture and Behavioral Intentions Towards Services," *Journal of Service Research*, Vol. 4, No. 2, pp. 118-129.

Voss, K. E., E. R. Spangenberg and B. Grohmann (2003) : "Measuring the Hedonic and Utilitarian Dimensions of Consumer Attitude," *Journal of Marketing Research*, Vol. 40, No. 3, pp. 310-320.

アブレート・グルミレ，エルベス・ボリス，蜂屋聡子，松川祐子，フランク・ビョーン，スワナベルト・J・シェーン，圓川隆夫 (2012)：「顧客満足度とマーケットシェアの関係メカニズムについての国際比較研究」,『品質』, Vol. 43, No. 3, pp. 95-105.

池庄司雅臣，圓川隆夫，鈴木定省 (2003)：「品質向上期待度に基づく顧客満足の経年変化パターンとマーケットシェアとの関係」,『品質』, Vol. 33, No. 3, pp. 93-103.

内田樹 (2009)：『日本辺境論』(新潮新書)，新潮社．

江澤創 (2012)：「情緒・機能的価値を通した製品評価と個人文化の係わり」，平成23年度東京工業大学卒業論文．

荻久保瑞穂，黄政，圓川隆夫 (2008)：「個人のもつ文化要因が顧客満足度と再購買意図に及ぼす影響」,『品質』, Vol. 38, No. 2, pp. 63-72.

西山由希子 (2010)：「消費者の快楽的・実用的利用目的が製品評価・ロイヤルティに与える影響」，平成21年度東京工業大学修士論文．

フランク・ビョーン，須藤秀一，圓川隆夫 (2009)：「顧客満足度への経済変動バイアスの影響と企業努力を反映するその補正方法について」,『品質』, Vol. 39, No. 1, pp. 119-128.

ホフステード, G. (1995)：『多文化世界』，岩井紀子，岩井八郎 訳，有斐閣．

矢野経済研究所 (1979)-(2007)：『日本マーケットシェア辞典'79-'07』．

山本祐子，圓川隆夫 (2000)：「顧客満足度とロイヤリティの構造に関する研究」,『日本経営工学会誌』, Vol. 51, No. 2, pp. 144-152.

第 4 章
ブランドイメージの何が CS への
プラスアルファ効果をもたらすのか

4.1 異なるデータセットを用いた企業イメージの CS,再購買意図への影響の再確認

　第 3 章の分析からわかったように,CS や再購買意図は企業イメージから大きな影響を受け,実際の製品・サービスを経験した結果としての知覚品質や知覚価値よりも著しく大きいことがわかった.しかもその影響の大きさの程度は国によって異なり,日本に比べて米国では著しく大きいし,ドイツでは相対的に小さい.この事実は,CS 研究の学術的意味からは新しい見解であるし,企業経営の立場からも,品質戦略を考えるうえで著しく大きな意味をもつ.

　唯一学術的な根拠を探すならば,Anderson 他(1994)においてモナディク尺度よりも累積尺度の CS のほうが,ロイヤルティへの影響が大きいという記述があるだけである.知覚品質,知覚価値はモナディクな尺度であり,企業イメージは累積尺度としての CS と考えることができる.しかしながら,第 3 章で示したパス解析の結果は,累積尺度である企業イメージがモナディク尺度の CS にも大きな影響を与えるというものであり,新事実であることには変わりない.

　そこでこれまでの分析とは異なるデータセットを用いて,もう一度,企業イメージが与える CS や再購買意図への影響の大きさを再確認しておこう.ここで用いるデータは,2012 年から 2014 年にかけて携帯電話について調査したもので,**3.5 節**でも用いた日本(393),米国(375),スリランカ(417),エクアドル

(432), ボリビア(772), フランス(159)で実施したものにもとづく（括弧内は N 数）. なお, この調査では企業イメージの質問は, 単独ではなく友人の意見を含めた3項目からなり, その因子分析のスコアを用いたものである.

図4.1 は, 6カ国, 全世界のサンプルを用いた, 企業イメージを含むCS関連指標のパス解析の結果である. 第3章での分析同様に適合度は高く, 図より,

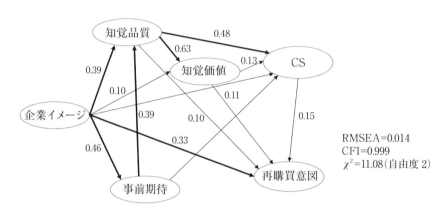

図 4.1 携帯電話の6カ国のCS関連指標のパス解析結果

表 4.1 携帯電話のCS関連指標のCS, 再購買意図への標準化総合効果

		企業イメージ	事前期待	知覚品質	知覚価値	CS
全世界	事前期待	0.457				
	知覚品質	0.573	0.392			
	知覚価値	0.466	0.248	0.633		
	CS	0.489	0.403	0.565	0.132	
	再購買意図	0.511	0.123	0.247	0.126	0.147
日本	事前期待	0.320				
	知覚品質	0.522	0.176			
	知覚価値	0.461	0.121	0.686		
	CS	0.569	0.199	0.590	0.132	
	再購買意図	0.466	0.047	0.192	0.176	0.141
米国	事前期待	0.496				
	知覚品質	0.592	0.389			
	知覚価値	0.395	0.192	0.752		
	CS	0.589	0.347	0.688	0.076	
	再購買意図	0.616	0.124	0.315	0.204	0.257

企業イメージの再購買意図への直接効果が大きいことがわかる．ただし，知覚品質の CS への直接効果も大きく，間接効果を含めた総合効果は，国別も含めて表 4.1 のようになる．

表 4.1 より，再購買意図への企業イメージの総合効果が一番大きく，第 3 章と同様に特に米国では特に大きい．一方，CS の総合効果では，企業イメージの効果も大きいが，それよりも知覚品質の効果のほうが大きくなっている．これは携帯電話という単独の製品を対象としたためと考えられるが，他の国，スリランカやボリビアでは企業イメージのほうが知覚品質よりも CS への効果が大きくなっている．また，これらの国では事前期待の CS への効果が大きいことも日本や米国と大きく異なる点である．

以上より，第 3 章で示した企業イメージの再購買意図や CS へ与える影響の再確認ができた．言い換えれば，CS やその経営成果を考える場合，CS 同様あるいはそれ以上に，企業イメージが重要であることの確認ができたといえる．

4.2　企業イメージとブランディング

これまで取り上げた企業イメージは，製品・サービスの複数の使用経験からの CS の累積尺度として用いてきたが，ここでは改めて企業ブランドという立場から考察しておこう．

ブランドという言葉は，「焼印を押す」という意味の Burned から派生したもので，製造者が誰であるかを消費者に証明するために，実際の起源はそれよりも遡るかも知れないが，例えば 16 世紀欧州でスコッチウイスキーの樽に押した焼印に端を発するといわれる．そして現在では，ブランドとは，「自社商品を他メーカーから容易に区別するためのシンボル，マーク，デザイン，名前など」，またブランディングとは，「競合商品に対して自社商品に優位性を与えるような，長期的な商品イメージの創造活動」をいう (小川，1994)．

一口にブランドといっても，企業名のブランドもあれば，同じ企業でも商品カテゴリーごとに商品ブランドをもつ場合もある．場合によっては，商品によって企業名を連想させないまったく独自のブランドを冠する場合もある．もともとは，ブランドは，"品質の見える化"的な意味で，消費者に品質を保証し，

リスクを軽減する意味をもっていた．さらに，社会や他人からの評価を高めることにもつながる（Fischer 他，2010）．加えて現在では，消費者のロイヤルティを獲得し，既存客の維持という役割が強くなってきた．さらに，強いブランドをもつことは，取引相手に対して価格等の交渉力として機能し，またブランドの傘下に組み入れるための M&A や事業多角化にも利用できる，という．

　一方，消費者側からブランドに対する認識として，ブランド価値，ブランド知名，ブランドイメージの3つがある．ブランド価値とは，ブランド資産あるいはエクイティ（brand equity）とも呼ばれ，消費者がブランド名に対してそれを知らされていないときに比べて感じる付加価値を意味する．目隠しテストなどで測定されるものであり，消費者から見たブランドのプレミアム価値である．それはノーブランド，あるいは他社のブランドに対してどれくらい余分に支払ってもよいかによって測定されるが，それを客観的に算定するのは容易ではない．

　それではブランド価値を決める，あるいは説明する測定容易な指標は何であろうか．それがブランド知名（brand awareness）とブランドイメージ（brand image）である．ブランド知名は，さらに再生（recall）知名率と再認識（recognition）知名率に分けられる．前者は，例えば「自動車について思い浮かぶ（興味があるなど，異なる表現も利用される）ブランドを答えてください」という質問に対して，特定ブランドが想起される割合であり，後者は「自動車に関するブランドのリストのなかで知っているものを挙げてください」という質問に対する特定ブランドの回答率である．

　一方，ブランドイメージあるいは企業イメージは，特定のブランドに対してどのようなイメージを消費者が抱いているか，というものである．「良い，悪い」という総合的なイメージを尋ねるほか，「親しみやすさ」，「品質の良さ」，「魅力度」，「勢い」といった多次元の評価や，それにもとづく総合力で測定される場合もある．これまで扱ってきた企業イメージは，前者の尺度で測定されたものにもとづく．

　これらが高いほど，すなわちブランド知名，ブランドイメージが高いほど，ブランド価値も高いことが想定されるが，後述するように特にブランド知名は実際には必ずしもそうとはいえない．それでは，これらの知名度を含めたブラ

ンドイメージと，視野を広げたブランドイメージの立場から，第2章，第3章，そして4.1節で論じたCSや再購買意図との関係について，さらにその内容を踏み込んで調べてみよう．

4.3　企業イメージの何がCS，再購買意図に影響を与えるのか：アウトスタンディングイメージ

　日本におけるブランドイメージの系統的調査のデータベースとして，日経BPコンサルティングによる「ブランドジャパン」(2012；2014) がある．毎年，消費者に1,000社（あるいはブランド）のブランドイメージを問うBtoC編と，500社を対象にビジネスパーソンに問うBtoB編の2種類がある．ここでは，BtoCのブランドイメージが第2章，第3章で紹介したCS関連指標にどのような影響，関係にあるのかを分析した例を紹介しよう．

　まずブランドジャパンのデータであるが，対象とされた1,000ブランドに対して，図4.2の右端に示すような「好きである，気に入っている」などの15項目（観測変数）について，回答者にイメージを聞いたデータから，パス解析で構成されたフレンドリー，コンビニエント，アウトスタンディング，イノベートの4つの因子が抽出され，そこから総合力がウェイトにもとづき算出されている．一人の回答者は1,000ブランドのなかの20ブランドを評価し，各ブランドの評価サンプルが600から700になるように設計されている．

　このブランドジャパンの2011年のデータベースに登場し，かつほぼ同じ時期に測定した筆者らが所有している世界8カ国・地域のCS関連データのなかのNの数が確保できている日本の企業・ブランドは68社である．製品では自動車10，PC13，携帯12，シャンプー8，サービスでは携帯サービス4，スーパー6，ファストフード8，銀行7の8業種計68社で，それぞれの企業・ブランドのCS，知覚品質，知覚価値，企業イメージ，再購買意図，口コミの各社の平均値をデータとして用いる．なお，ブランドイメージがこれらのブランド価値に相当するCSや再購買意図などに与える同時点の影響を見るという立場から，ブランドイメージを説明変数とする．長期的には，逆にCSなどがブランドイメージを構成する要因と考えられる．

110　第4章　ブランドイメージの何がCSへのプラスアルファ効果をもたらすのか

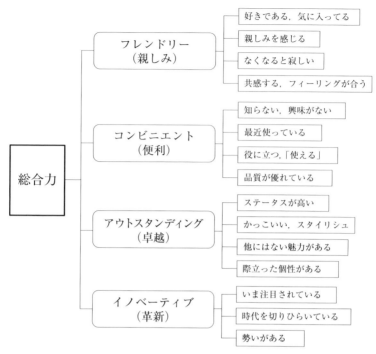

図4.2　「ブランドジャパン」のブランドイメージ構成要素（BtoC）

　表4.2は，68の日本の企業・ブランドについて，CS関連指標と対応する年として2011年のブランドジャパンの評価指標との相関係数を計算したものである．ブランドイメージの要素については総合力と4つの因子に加えて，ブランド知名に関連した認知率（知っている割合），興味率（興味をもっている割合），好感率（好感をもっている割合）も取り上げている．それぞれ異なるデータベース同士，すなわちCS関連指標とブランドイメージ指標の相関は，表の右上の太線で囲んだ部分に示されている．

　まずCSについては，総合力とは有意な相関は見られないが，ブランドイメージのなかのアウトスタンディング指標と1%有意で正の相関をもつことがわかる．知覚品質ではより顕著な正の相関をもち，総合力でも5%有意，そしてイノベーティブ指標が1%，好感率も5%有意で正の相関をもつ．さらに知覚品質と同じ傾向でさらに高い相関をもつのが企業イメージである．また口コミは総合力との相関は見られないが，アウトスタンディング，そしてそれ以上に

4.3 企業イメージの何がCS, 再購買意図に影響を与えるのか：アウトスタンディングイメージ 111

表 4.2 CS 関連指標とブランドイメージ指標との相関行列(**：1%有意，*：5%有意)

	CS 関連調査から得られた指標値						2011 ブランドジャパンから得られたブランドイメージ						
	知覚品質	知覚価値	再購買意図	口コミ	企業イメージ	総合力	フレンドリー	コンビニエント	アウトスタンディング	イノベーティブ	認知率	興味率	好感率
CS	0.789**	0.549**	0.678**	0.747**	0.697**	0.144	0.052	−0.020	0.337**	0.156	−0.044	0.009	0.150
知覚品質		0.408**	0.362**	0.679**	0.804**	0.268*	0.049	0.100	0.491**	0.319**	−0.039	0.132	0.252*
知覚価値			0.350**	0.601**	0.371**	0.028	−0.023	−0.149	0.195	0.140	0.044	−0.051	0.042
再購買意図				0.665**	0.537**	0.072	0.079	−0.040	0.096	0.123	−0.004	−0.054	0.046
口コミ					0.724**	0.060	−0.123	−0.156	0.293**	0.313**	−0.102	−0.117	0.012
企業イメージ						0.310*	0.043	0.106	0.585**	0.384**	−0.029	0.126	0.254*
総合力							0.858**	0.866**	0.746**	0.712**	0.543**	0.915**	0.901**
フレンドリー								0.801**	0.451**	0.353**	0.520**	0.860**	0.904**
コンビニエント									0.412**	0.441**	0.565**	0.934**	0.782**
アウトスタンディング										0.644**	0.319**	0.552**	0.685**
イノベーティブ											0.272*	0.488**	0.437**
認知率												0.709**	0.516**
興味率													0.877**

イノベーティブと高い正の相関をもつ.一方,知覚価値,再購買意図はすべてのブランドイメージ指標と有意な相関は見られない.この理由は,後述するようにスイッチングコストなどの業種による差が単純な相関関係を隠しているためと思われる.

両者のデータはほぼ同時期であることから,**第2章**,**第3章**で示した企業イメージに対応して,ブランドイメージがCS関連指標に影響を与えているものと考えることができる.そのうえで**表4.2**の結果から,ブランドイメージの総合力よりも,アウトスタンディング指標(ステータスが高い,かっこいい,魅力がある,個性がある)が最もプラスの影響を,そして次にイノベーティブ指標(注目されている,時代を切りひらいている,勢いがある)がやはりプラスの影響を与えていることがわかる.一方,フレンドリー,そして残念ながら「品質が優れている」を含むコンビニエント,そして何より認知率,興味率はほぼ無関係といってよい.

ブランドイメージがCSなどへ与える影響を個々に調べるため,また**表4.2**の相関係数には業種による差の効果が交絡していると考えられるため,業種ダミーを含めた重回帰分析を行ってみる.まずCSを目的変数として,総合力から好感率までの8変数,そしてPCを基準とした各業種を1とした7つのダミー変数を設定し,変数減少法によって分析した結果が**表4.3**である.そして,業種別に層別したうえで,CSとアウトスタンディングの散布図が**図4.3**である.

表4.3からわかるように,全体的に自由度調整済R^2が0.346で,企業・ブランドが供給する製品・サービスの品質や価値以外に,CSはブランドイメージ

表4.3 業種効果を入れたCSに対するブランドメージの分析結果

変数	標準化β	t値	有意確率
アウトスタンディング	0.469	3.629	0.001
興味率	-0.328	-2.609	0.011
自動車	0.316	2.826	0.006
携帯電話	0.280	2.535	0.014
シャンプー	0.471	4.440	0.000
ファストフード	0.184	1.727	0.089

自由度調整済 $R^2 = 0.346$

4.3 企業イメージの何がCS, 再購買意図に影響を与えるのか：アウトスタンディングイメージ　113

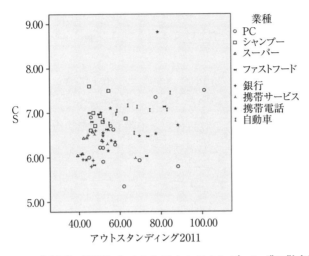

図4.3　業種別に層別したCSとアウトスタンディングの散布図

および業種により35%決まるということで決して影響は低くない．予想どおりアウトスタンディング指標が圧倒的に有意な正の偏回帰係数をもつことがわかる．また，業種ダミーを入れたことにより表4.2ではCSと相関がなかった興味率が，意外なことに興味率が高いほどCSが低いという負の偏回帰係数となっている．

　アウトスタンディングは，アップル，ディズニー，スタジオジブリ，ソニー，ポルシェ，フェラーリ，ベンツといったいわゆる高級ブランドやエンターテイメント系のブランドが高いのに対して，興味率は認知率（興味率と認知率の相関は高い）と同様に日常的，大衆的でコマーシャルによく出てくるようなブランドが上位に並ぶ．例えば，総合力上位のアップルの興味率は74%で，ディズニーも74.4%で，90%以上の企業・ブランドも多いなかで，決して高くない．これはCSが実使用・利用についての体験であるのに対して，ブランドイメージのほうは知ってはいても自分には合わない，無関係であるとする人も含まれていることに起因すると思われる．

　言い換えれば，顧客ターゲットを絞り込むこともブランドイメージを介したCSを高めることを意味する．すなわち，図4.2に示したように興味率は，コンビニエント指標の一部でもあり，実用的なブランドイメージはCSを下げる

ということかも知れない．これより自分に，自分だけにアウトスタンディングな"情緒的"経験をもたらすというようなブランドイメージがCSに強く作用しているものと思われる．

また，**図4.3**からわかるように，全体的にアウトスタンディングに対して右上がりの点の布置となっているが，表4.3で有意となっている特にシャンプーや自動車が上側に位置し，これらの効果を除くとよりアウトスタンディングとの関係がシャープになる．なお，図においてCSの一番上に位置する*は，携帯電話のアップルのiPhoneである．

次に表4.2の相関行列表では，どのブランドイメージの項目とも有意性が認められなかったが，ブランド価値に一番近いと思われる再購買意図を目的変数としたCSと同様の分析結果を示そう．表4.4が変数減少法で残った変数である．

自由度調整済 $R^2 = 0.328$ でかなりの説明力となり，ブランドイメージでは，アウトスタンディングに加えてコンビニエント，イノベーティブ，そして認知率が正の偏回帰係数で有意であり，興味率はCSと同様に負で有意となっている．再購買意図となるとアウトスタンディグという情緒的なイメージに加えて，品質が優れている，役立つといった実用的なイメージもプラスに働くという少し安心できる結果となっている．

要するにCSと異なり，認知率が高くコンビニエント，イノベーティブといった実用的なイメージも再購買意図を高める効果があり，CSと同様にただ興味があるといったブランドイメージは再購買意図をむしろ下げるということで

表4.4　業種効果を入れた再購買意図に対するブランドメージの分析結果

変数	標準化 β	t 値	有意確率
コンビニエント	1.040	2.649	0.010
アウトスタンディング	0.511	3.016	0.004
イノベーティブ	0.239	1.717	0.091
認知率	0.555	3.206	0.002
興味率	−1.834	−3.669	0.001
シャンプー	0.449	3.982	0.000
スーパー	0.345	3.139	0.003
ファストフード	0.533	4.542	0.000

自由度調整済 $R^2 = 0.328$

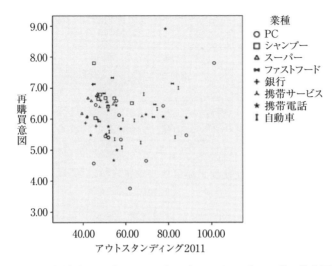

図4.4 業種別に層別したCSとアウトスタンディングの散布図

ある．

一方，図4.4の再購買意図とアウトスタンディング指標の散布図を見ると，表4.4で有意となっている業種，シャンプー，スーパー，ファストフードが図の左上に位置している(アウトスタンディング指標が低いのに再購買意図が高い)．これを除いて散布図を改めて眺めると，アウトスタンディング指標が上がると再購買意図が上がるという傾向を，より明確に読み取ることができる．

4.4 JCSIを用いたブランド分析の補完と整合性

前節の結果は，68社の企業のCS関連指標を用いた分析で，1社当たりのサンプル数が必ずしも十分ではないものも含まれる．そこで，その補完としてサービス産業に限定されるが，1社当たりサンプル数が約400とされる2.2節で紹介したACSIに倣い，最近日本でも導入されたJCSI(Japan Customer Satisfaction Index)のデータを用いた分析で，前節の結果との整合性を参考までに検討しておこう．ここでは2007年から始まるJCSIのデータのうち，2013年度384社のCSデータを用いる(サービス産業生産性協議会，2014)．

表4.5は，そのうち対応するブランドジャパン2013に含まれる239社につ

表 4.5 CS とブランドイメージとの相関（2013 年度 JCSI とブランドジャパンに含まれる 239 社）

	総合力	フレンドリー	コンビニエント	アウトスタンディング	イノベーティブ	認知率	興味率	好感率
相関係数	0.119	0.108	0.033	0.261	0.050	−0.107	0.044	0.203
p 値	0.067	0.096	0.611	0.000	0.443	0.100	0.497	0.002

いて，JCSI の CS 値と，前節と同様にブランドイメージの項目について相関係数を求めたものである．

まったく異なるデータセットであるにもかかわらず，前節の CS 関連指標との相関行列の表 4.2 の太枠の第 1 行，CS とブランドイメージ指標の相関係数と比較すると驚くほど酷似している．すなわち，一番，相関が高いのが総合力よりもアウトスタンディングで 0.261（表 4.2 では 0.337）で高度に有意である．総合力との相関は 0.119（表 4.2 では 0.144）であり，傾向，値そのものも似ていることがわかる．

さらに表 4.3 に対応して，CS について業種ダミーを考慮したうえで変数減少法によってブランドイメージで回帰した結果が表 4.6 である．前節の分析と同様にサービス産業だけに限っても，アウトスタンディングが最も強い正の影響を与え，次に認知率が逆にマイナスの影響を与えていることがわかる．すなわち，知っているというだけでは CS にマイナスの影響を与えるということである．同時に前節の再購買意図と同様にコンビニエントという実用的なブランドイメージも正の影響を与えている．

図 4.5 はアウトスタンディングが最も強い影響を与えることから，これを横軸に CS との散布図を描いたものである．表 4.6 の業種のダミー変数が有意になったものについては，業種別の記号で層別してある．例えば，正の偏回帰係数をもつホテルや通信販売などは相対的に CS が上のほうに布置し，逆に負の偏回帰係数をもつ携帯サービスなどは下側に位置していることがわかる．

なお，ブランドイメージと業種の交互作用も導入した重回帰分析を行うと，ホテル，通信販売，住設・家電販売では，アウトスタンディングとの交互作用が正，すなわち，アウトスタンディングとの関係を表す直線を描いた場合，よ

4.4 JCSIを用いたブランド分析の補完と整合性

表 4.6 業種効果を入れた CS に対するブランドイメージの分析結果

変数	標準化 β	t 値	有意確率
コンビニエント	0.180	2.437	0.016
アウトスタンディング	0.380	6.031	0.000
認知率	-0.343	-5.166	0.000
ホテル	0.265	5.370	0.000
通信販売	0.301	6.107	0.000
旅行・交通機関	0.237	4.655	0.000
保険	0.169	3.240	0.001
インターネットサービス	-0.192	-3.834	0.000
スーパー	-0.094	-1.880	0.061
住設・家電販売	0.145	2.970	0.003
自動車販売	0.091	1.771	0.078
生活用品販売	-0.141	-2.707	0.007
コンビニエンスストア	-0.121	-2.418	0.016
携帯サービス	-0.245	-5.092	0.000

自由度調整済 $R^2 = 0.466$

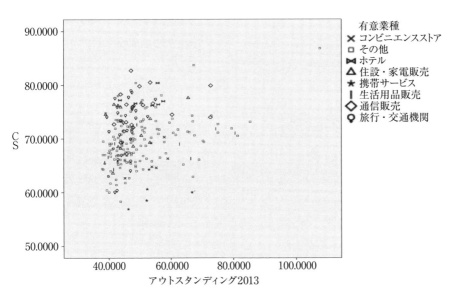

図 4.5 業種別に層別した CS とアウトスタンディングの散布図

り急な傾きとなる，すなわちアウトスタンディングの差の影響がより大きいことが示唆される．また保険やインターネットサービスでは，コンビニエントとの交互作用が正で有意となり，役立ち感や品質に関する信頼イメージの差が，より大きなCSの差となっていることが示唆される．

4.5 アウトスタンディングこそCS，再購買意図を高める企業イメージの源泉

　以上，ブランドイメージのなかで，アウトスタンディングという情緒的なイメージがCSを押し上げるという前節での結果がJCSIのデータからも支持されることがわかる．また，「ただ興味がある」，「知っている」というだけではブランドイメージとしてむしろCSや再購買意図にマイナスに作用することも同様である．加えて，再購買意図という観点からは，もともと実用的なサービスではコンビニエントという実用的イメージがプラスに働くことも確認できた．

　なお，表4.2においてCS関連指標のなかでブランドイメージと相関が強いのは企業イメージであった．企業イメージについても同様のブランドイメージで回帰分析を行うと，やはりアウトスタンディングの偏回帰係数のt値が7.380（有意確率0.000）で圧倒的に高い値を示す．

　参考までアウトスタンディングのブランドイメージと，CS関連指標とのパス解析を行うと図4.6のような構造が得られる．ここで注意すべきことは，企業イメージのCSや再購買意図への影響の大きさを示した第2章，第3章のパス解析は，個人個人で測定されたものであり，かつ日本だけでなく世界8カ国のデータにもとづくものであったのに対して，図4.6は日本の68社の企業・ブランド単位で，左の各社のブランドジャパンのデータと，右の筆者らが測定したCS関連指標の各社の平均値での対応がベースになっていることである．

　RMSEAやχ^2値から妥当な当てはまりになっているといえる．アウトスタンディングの矢印は企業イメージのみに向けられているが，これをCSや再購買意図などの他のCS関連指標と結ぶ矢印を加えると，モデルの当てはまりは極端に悪化しパス係数も有意とはならない．要するにCS関連指標で測定された企業イメージは，同時期のまったく別のデータベースから得られたブランド

4.6 アウトスタンディングのなかの個性的・魅力的イメージがCS向上の原動力 119

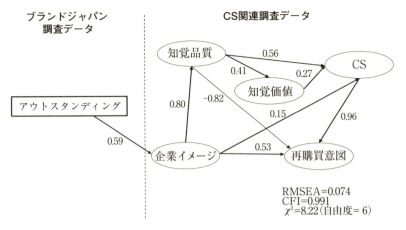

図4.6 68社の企業単位で分析したブランドイメージとCS関連指標のパス図

イメージ，アウトスタンディングの影響を強く受けているということである．

なお，図4.6右のCS関連指標間の知覚品質から再購買意図への矢印の係数が大きなマイナスの値になっていることが奇妙に思えるかも知れない．これは68社の8業種の業種間の例えば，スイッチングコストの影響と思われる．すなわち，企業イメージが知覚品質を高めるほうの効果が，同時に再購買意図を高める効果よりも大きい一方で，知覚品質が高くても業種の違いによるスイッチングコストの抑制効果が働き再購買意図は高くならない．このようなメカニズムがマイナスのパス係数につながったものと思われる．

4.6 アウトスタンディングのなかの個性的・魅力的イメージがCS向上の原動力

さらにアウトスタンディングのなかの何が，特にCS向上の原動力になっているのであろうか．その準備のためには，図4.2のアウトスタンディングを構成する4項目について，4.3節，4.5節と同じ8業種68社のデータを用いて因子分析を行った．その結果が表4.7である．因子負荷量の大きさから，「他にはない魅力がある」，「際立った個性がある」に特に関係する魅力個性因子と，「ステータスが高い」，「かっこいい，スタイリッシュ」に関係するステータス

表 4.7 アウトスタンディングイメージの因子分析の結果（因子負荷量）

	1 魅力個性	2 ステータス かっこいい
他にはない魅力がある	0.910	0.259
際立った個性がある	0.909	0.313
ステータスが高い	0.200	0.952
かっこいいスタイリッシュ	0.470	0.835
寄与率	47.90%	44.30%

かっこいい因子という互いに直交する2つが抽出され，その2つの因子でもとのデータの約90％が説明できる．

これら2つの因子に対応する企業やブランドはどのようなものであろうか．図 4.7 は横軸に魅力個性因子，縦軸にステータスかっこいい因子をとり，各企業・ブランドの因子スコアをプロットしたものである．ただし，例えばソニーのように同じ企業，ブランドでも携帯とPCが対象となっている場合があり，イメージデータは1つであるので，1つの点に2つの同じ名前が記載されていることに留意されたい．

これより，魅力個性軸に沿ってこれが高くステータスかっこいい軸のスコアが低い企業・ブランドとして，モスバーガーやKFCのような外食産業系が並んでいることがわかる．また携帯サービスではソフトバンク，自動車ではスバルやマツダ，銀行ではゆうちょがその周辺に位置している．同じ業界でも自動車ではトヨタがステータスかっこいい軸の上のほうに，そして銀行では三菱東京UFJ，三井住友がほぼ同じ魅力個性軸が低い位置に集中しているのと対照的である．いずれにしても右下に位置するグループは，身近でしかも個性があり魅力的というブランドと捉えることができる．

一方，ステータスかっこいい軸の上位には，魅力個性軸は中ほどから下の位置にBMWやベンツ，パナソニック，ソニー，トヨタ，資生堂が位置している．そして，この両者が高いものとして，Appleやそれよりも低いがホンダや少し微妙であるがシャープが位置している．

要するに右下の魅力個性グループ，左上のステータスかっこいいグループ，

4.6 アウトスタンディングのなかの個性的・魅力的イメージがCS向上の原動力 **121**

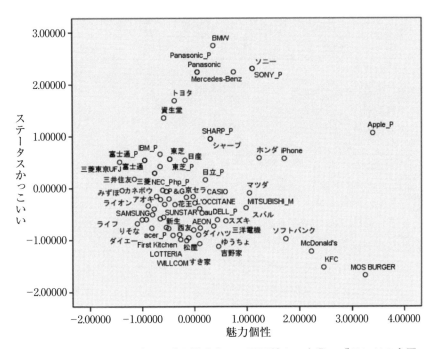

図4.7 アウトスタンディングを構成する2因子軸上の企業・ブランドの布置

そしてその間にどちらの軸の因子も高いまさにアウトスタンディンググループ，左下のその他のグループというように，大きく4つのグループを形成していることが見てとれる．

それでは2つのアウトスタンディング因子のうちどちらがCS向上に，より効果的に作用するのであろうか．そこで**4.3節**の**表4.3**に対応して，アウトスタンディングの代わりに魅力個性，ステータスかっこいい因子のスコアを用いて，変数減少法による重回帰分析を行ってみよう．その結果が**表4.8**である．

これよりアウトスタンディングの代わりに魅力個性因子が残り，ステータスかっこいい因子は姿を消している．他の興味率や業種ダミーは残った変数も回帰係数の傾向もほぼ同じである．ファストフードダミーが消えているが，これは魅力個性因子が残ったことで，**図4.7**に示したようにファストフードをダミー変数として別途残す必要がなくなったということであろうか．

要するCS向上の原動力は，アウトスタンディングイメージのなかの魅力個

表 4.8 アウトスタンディング 2 因子による重回帰分析の結果

変数	標準化 β	t 値	有意確率
魅力個性	0.427	3.770	0.000
興味率	−0.214	−1.895	0.063
自動車	0.340	3.243	0.002
携帯電話	0.289	2.691	0.009
シャンプー	0.451	4.294	0.000

自由度調整済 $R^2 = 0.337$

性因子であったということである．これは CS の代わりに再購買意図を目的変数としても同様であり，表 4.4 においてはアウトスタンディングの代わりに魅力個性因子が残り，ステータスかっこいい因子は消えてしまう．

個性的で魅力的というブランドイメージが，CS にプラスアルファの効果をもたらし，かつ再購買を促進するという効果的な作用をもたらすということである．

4.7 CS は中長期的にはブランド力を高め，より経営成果との関連性をもつ

以上が，ブランドイメージの CS 関連指標の影響であり，ブランドイメージのフィルターがかかったうえで，われわれは製品・サービスの使用経験にもとづく CS などを評価していることがわかる．一方，第 3 章で示したように，現在の CS は将来のシェアにプラスに作用する．すなわち，現在の CS は将来のブランドイメージにプラスに作用するはずである．

そこで，2011 年のブランド総合力を用いて CS を回帰し（表 4.2 に示したように相関係数は 0.144 と高くないが），その回帰直線よりも CS が高い企業群と，低い企業群に層別し，それぞれ 2012 年のブランド総合力の差（2012 年 − 2011 年）を計算した．その結果，

　　高い企業の平均変化量　　+ 0.841

　　低い企業の平均変化量　　− 0.113

となり，ほぼ 10% 有意でブランド総合力に対して，回帰直線より上の平均以

4.7 CS は中長期的にはブランド力を高め，より経営成果との関連性をもつ　123

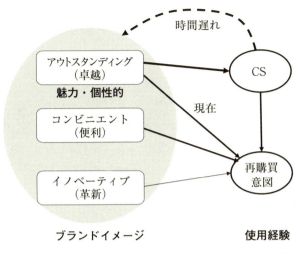

図 4.8　ブランドイメージと CS 関連指標との相互関係

上の CS 値をもつ企業は，翌年にブランド総合力を上げている．すなわち，CS がブランド総合力を上げる兆候となっている．

これは同時期の CS 関連指標とブランドイメージの相関よりも，翌年，すなわち 2012 年のブランドイメージとの相関が高くなることでも示せる．CS と 2012 年のブランド総合力との相関は，0.204 となる．すなわち，CS は将来のブランドイメージを高めるということを支持するものである．

図 4.8 はこれまでの結果をまとめたものである．ブランドイメージは，製品・サービスの使用経験にもとづく CS 関連指標に確実に影響を与える．ブランドイメージのなかでも特に情緒的，魅力・個性的ブランドイメージであるアウトスタンディングの CS へのプラスの影響が大きい．図 3.5 に示したのと同様に，外部データを用いた本節の分析でも再購買意図にも直接的な影響を与え，その際にはアウトスタンディングに加えて，コンビニエントやイノベーティブといった実用性イメージも作用する．

4.8 ブランド力よりも CS のほうが企業価値を反映：CS イコール企業の無形資産指標

最後に，顧客価値の代用指標とも考えられる CS と，ブランドイメージのどちらがより企業のボトムラインや企業価値を反映しているか見てみよう．ここでは 4.4 節のサービス産業を対象とした JCSI の CS とそして日経 BP コンサルティングのブランドジャパンのブランドイメージ，そして対応する企業の日経 NEEDS（日本経済新聞社，2014）の 2013 年度にもとづく財務データを用いることにする．これら三者のデータベースに共通して含まれる企業数は 80 社であった．

必ずしも正確な表現ではないが企業価値を表す代用指標として，1 株当たりキャッシュフロー，収益性の立場からの ROA，安全性を表す営業キャッシュフロー対流動負債比率，当座比率の財務指標について取り上げた．また，ブランドイメージとしては，総合力とアウトスタンディング指標を用いることにする．

表 4.9 はその結果である．CS とブランド総合力，アウトスタンディング指標との相関係数は，表 4.5 の 239 社の場合と比べてアウトスタンディング指標との相関係数が高くなっているが傾向は同じである．

注目の財務指標との相関は，CS のほうが 4 指標中 3 指標で，ブランドイメージより勝り，特に 1 株当たりキャッシュフローでは，ブランドイメージの 2 つの指標はまったく相関がないのに対して，CS は 0.277 と高度に有意な正の

表 4.9 CS，ブランドイメージと企業価値（収益性，安全性）との相関係数（$N=80$）

	ブランド総合力	アウトスタンディング	1株当たりキャッシュフロー	ROA	キャッシュフロー対流動負債比率	当座比率
CS	0.128 (0.257)	0.403 (0.000)	0.277 (0.013)	0.116 (0.303)	0.350 (0.001)	0.267 (0.017)
ブランド総合力		0.804 (0.000)	−0.030 (0.791)	0.179 (0.112)	0.185 (0.100)	0.055 (0.630)
アウトスタンディング			0.040 (0.724)	0.199 (0.076)	0.287 (0.010)	0.200 (0.076)

相関をもち，さらにキャッシュフロー対流動負債比率になると 0.350 まで相関は高まる．唯一，ROA だけは有意とならないが，相関係数の値そのものはブランドイメージと大差ない．

　以上の結果を総合すると，CS のほうが圧倒的に企業価値の要素である財務指標との相関が高い．次に ROA との相関が一番高いアウトスタンディングであり，ブランド総合力はほとんど財務指標との相関は見られない．要するに，ブランド価値が企業価値とみなされることもあるが，それよりも CS のほうが実際の財務的な企業価値を反映し，CS こそ最も無形資産としての企業価値を表す恰好の代理指標であると結論できないこともない．

　なお，本章の議論は BtoC の立場からの考察であったが，第 6 章でも若干ふれるが，BtoB ではブランドイメージを決める要素も異なると考えられる．

参 考 文 献

Anderson, E. W., C. Fornell and D. R. Lehmann (1994): "Customer Satisfaction, Market Share, and Profitability: Findings from Sweden," *Journal of Marketing*, Vol. 58, No. 3, pp. 53-66.

Fischer, M., F. Völckner and H. Sattler (2010): "How Important Are Brands? A Cross-category, Cross-country Study," *Journal of Marketing Research*, Vol. 47, No. 5, pp. 823-829.

小川孔輔 (1994)：『ブランド戦略の実際』(日経文庫)，日本経済新聞社．

サービス産業生産性協議会 (2014)：JCSI スコア (2013 年度)．

日経 BP コンサルティング (2012)：『ブランドジャパン 2012，データブック，解説書』．

日経 BP コンサルティング (2014)：『ブランドジャパン 2014，データブック，解説書』．

日本経済新聞社 (2014)：「日経 NEEDS　DVD 版」．

第 5 章
顧客価値創造のための戦略と方法

さて,これまで第2章,第3章そして第4章と,CSのメカニズム,そしてCSを高めることがシェア増などの経営成果につながること,そして企業イメージや情緒的価値の役割,あるいは国や個人の文化が与える影響について,実際のデータ,科学的見地から述べてきた.それでは,これを実際の製品・サービス設計上の着眼点として,高品質・高機能追求の過去の成功体験から脱し,真の顧客価値創造を実践に移す,すなわち第1章で述べた表の品質力を強化するには,どのようにすればよいのだろうか.

5.1 顧客価値創造のための5つの戦略

図5.1に本章および第6章で述べる表の品質力に通じる5つの戦略のベースとなる考え方の概念図を示す.単に品質といったときのこれまでの意味合いに最も通じると思われる実用的価値を横軸に,縦軸に価格をとった塗りつぶし部分が,従来の品質と価格の関係を示した部分である.

(1) 適正品質と差別化軸の転換

1950年頃,日本の品質管理を指導したW. E. デミングが教えた「有用な品質」とは,人々が真に欲するものを買える価格で提供するために,品質は高過ぎても低過ぎてもダメ,というものであった.だから国内市場であれ海外市場であれ,市場調査が必要で,その市場での適正品質を見極める必要があり,こ

第5章 顧客価値創造のための戦略と方法

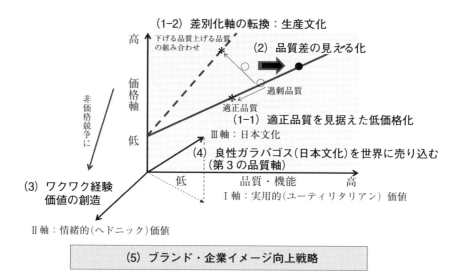

図5.1 顧客価値創造のための考え方と表の品質力強化のための5つの戦略

れは今日でも正しい．この背景には「品質とコストはトレードオフ」という真理があった．実用的価値-価格平面の左から右上に伸びる直線であり，その市場における有用な品質を意味する適正品質が＊で示してある．すなわち，知覚価値を最大にするものであり（図中，実線上の○から実線上の＊へ），**図5.1**では(1-1)**適正品質**の戦略に相当する．

それから二十数年後には，むしろ「品質とコストはトレードオフ」ではなく，「品質を良くすればコストも下がる」ということが強調されてくる．たしかに品質とコストのトレードオフ曲線（フロンティア）はある時点のもので，改善努力や技術革新でフロンティアを押し上げることで高品質，低コストを同時に実現することができ，日本の高品質を目指す品質管理の強さを示すものである．しかし，それが強みとして通用したのは1990年頃までである．コスト競争力が失われ，かつ新興国市場や特にボリュームゾーンの台頭には，高品質にこだわるあまり，「人々が真に欲するものを買える価格」の市場調査にもとづく品質設計を逆に疎かにしてしまったのではないだろうか．

加えて，「買える価格」という意味では，日本での高品質，多機能製品を低価格にするために単に機能を削り，一律に品質を下げるということでは通用し

ないし，新興国市場で日本が出遅れた所以かもしれない．市場によって品質や機能に対する価値は異なることから，不必要な機能は大胆に削り，逆にその市場で求められるものについては高品質や機能を付加することも求められる．図5.1 でいえば，**(1-2) 差別化軸**の転換であり(図中，実線上の○から点線上の＊へ)，これにより場合によっては高い価格でも受け入れられる可能性もある．これについては次節で述べるが，新興国・途上国で有効な倹約工学やリバースイノベーション，そしてこれを敷衍すれば先進国でも共通する生産文化，グローカリゼーションに結びつく重要な知見である．

(2) 品質差の見える化

実用的価値でもう一つ大事なことが，品質や性能についてその差を即座に認識できるように見える化することである．これが図5.1に示す**(2) 品質差の見える化**である(図中，実線の上方に位置する○から●へ)．第1章で述べたように消費者が価値を感じる品質差には無差別領域が存在する．他社製品に比べて10%速い，小さいといわれていても，その差を実感でき，価値を感じてもらわなければ意味はない．加えて，いくら他社にはない新しい機能があっても，使われなければ逆に多機能疲労を引き起こし逆にCSを下げてしまう．自然と多機能を使えるようなユーザビリティの向上は，情緒的価値向上にも結びつく．

(3) 情緒的価値を引き出すワクワク経験価値の創造

そして新たな軸が，実用的価値-価格平面から飛び出した情緒的価値軸である．情緒的価値に着眼した**(3) ワクワク経験価値の創造**である．本書では，これを"ものコトづくり"と呼ぶ．顧客が製品・サービスを購入するのは，それを使い利用することによる，コト，経験(ユーザーエクスペリエンス，User Experience：UX)であり，それが実用的価値に加えて情緒的価値創造につながる．3.6節で述べたように，情緒的価値が高いCSやロイヤルティに結びつくワクワク感につながる．しかしながら，BtoCでは顧客自身がそれを教えてくれるわけではなく，顧客自身も気がついてない．これを実践するためには，もう一度，原点に戻り徹底的に顧客のコト，すなわち生活，行動，仕事を観察し，理解することが，その第一歩である．後述するように，現在のヒット商品

を見ればよくわかる.

(4) 良性ガラパゴス・日本感性を売り出す

そしてもう一つの軸が実用的価値軸と情緒的価値軸の平面から斜め上に向かう矢印で示す日本文化軸である.近年ガラパゴス化と揶揄されているものである.エレクトロニクス製品に限らず,ビジネスモデルまで,世界標準と比べて過度なまでの正確さ,清潔さ,新鮮さが求められ,その下での国内競争に晒されている.そのなかにはそれで鍛えられ,標準化やシステム化で武装すれば世界に通用する**(4)良性ガラパゴス**も少なくない.近年,海外進出が目覚ましいコンビニや宅配便などである.加えて仕上げの美学や,クールジャパンと呼ばれている日本文化に根差したアニメや寿司に代表される日本食もある.これらをもう一度見直し,サービス提供のためのインフラの標準化を図れば,世界に売り出せるものは少なくない.

(5) ブランド・企業イメージ向上戦略

そして最後に,図 5.1 の枠外,下に示す**(5)ブランド・企業イメージ向上戦略**である.2.4 節や 3.7 節,そして第 4 章で示したように,企業イメージは知覚品質や知覚価値を越えて CS に影響し,さらに CS を越えてロイヤルティに影響を与える.品質や機能,そしてそれに対する知覚品質よりも,製品・サービスを介した CS の蓄積による累積効果に加えて,企業イメージは広告や宣伝,さらには売り方,店舗イメージといったブランド戦略そのものを含めたマーケティングの 4P の手段が使える.日本企業には営業部門はあるがマーケティングという機能やその戦略に対して,概して重要性の認識が稀薄か無頓着であったのではなかろうか.この強化が第五の戦略である.

5.2 適正品質と差別化軸の転換

まず第一の最も基本的な戦略である.前述したように適正品質とはデミングのいう「有用な品質」である.あくまでも原則である.日本のように競争が激しく豊かな市場では,自分にとっては適正な品質や機能でありリーズナブルな

価格であっても，競合製品のほうが高品質で多機能であることを店員に勧められ，多機能疲労のところでも述べたように，たとえ実際には使わなくても多機能のほうを，ついつい購入してしまうことがある．このようなガラパゴス化現象と結びついた多機能・高品質の競争と，顧客側の多機能疲労による CS の低下の悪循環を断ち切るには，5.4 節で述べる第三の戦略であるデザインなどの差別化による情緒的価値を引き出す方向に舵を切ることも必要であろう．

同じ先進国でもドイツは事情がだいぶ異なるようである．第 2 章の表 2.4 で示したように，ドイツは知覚品質の CS への影響が大きいのに加えて，価格対比の知覚品質である知覚価値の再購買意図への影響が日本，特に米国に比べて圧倒的に大きい．まさに価格対比の適正品質，すなわち「有用な品質」に敏感な国民性といえる．事実，日本と比べてスーパーでも知覚価値の高い，どちらかといえば低価格の商品が品揃えされ，コンビニは普及していない．一方で，ブランドイメージをうまく活用したブランド戦略に長けるといったまさに合理的な国といえる．

以上のようなことから(1–1)適正品質の戦略は，(1–2)差別化軸の転換の戦略とともに，経済状況は無論のこと文化や制度を異にする日本が出遅れた新興国・途上国市場で有効である．例えば，そこでは，超割安なのにそこそこの良い性能をもつ画期的な新技術が待ち望まれ，わずか 15％の価格で，50％のソリューションを望んでいるといわれる（ゴビンダラジャン，2012）．これでは既存品からスタートした設計変更では対応不可能である．1.3 節で述べた電子レンジの例に求められているのは，「そこまで高くないそこそこの品質」であり，一方で機能面からは，多機能もコンパクトさは必要なく，ボタン一つでインド料理ができることであった．このような製品を提供するには，後述の"ものコトづくり"の第一の基本である，現地の生活，コトを徹底的に観察することである．

このように家電製品で出遅れた日本企業であるが，最近では必ずしも負けていない．2014 年 2 月 28 日の『日本経済新聞』で紹介された事例をいくつか挙げてみよう．インドネシアでは食材は毎日使う分だけ買うため，余分な冷蔵室は必要なく，しかも大抵の家庭が 900W しか電力を使えないことから，水と氷だけの低電力冷蔵庫（パナソニック）．外食文化が根付き台所がない家が多いタ

イで，即席めんに水をかけて"即席めんボタン"を押すことで食べられる電子レンジ(シャープ)．インド人が重視するのは，画質と音質であることから，鮮やかな色調とメリハリの強い音質のテレビ(シャープ)，などである．

いずれも日本国内で販売されている製品からスタートし，低価格にするために機能を削るような発想では実現不可能である．逆に，まず不必要なものを徹底になくしゼロからスタートし，現地の顧客にとって最も魅力的な機能を見出し，場合によってはそれについて，日本のものよりも高品質にするというような差別化軸の転換が求められる．

このような発想の新しい製品開発の新しいアプローチとして倹約工学(frugal engineering)がある．これは，限られたリソースで所要のパフォーマンスを達成する製品やサービスを実現するため，複雑な処理工程を基本的な処理工程や構成要素に分解し，さらに分解した処理工程や構成要素を所定の制約条件下で最も経済的に再構成して，所要の製品やサービスを創出する工学と定義される(Sehgel他，2010)．簡単に言えば，最初に"必要のない"(非本質的)コストを避けることを追求し(既存製品の特徴を削るだけでは新興国市場では負ける)，そのうえで異なるセットの製品特徴かつ新興国市場の顧客が望む高品質を提供するようなアプローチである．

既存の製品設計やエンジニアリングからの発想の転換が必要で，ボトムアップイノベーションとも呼ばれる．典型的な事例が，当時2,200ドルで発売されたNanoの例である(図5.2)．既存の自動車のラインアップからでなく，Auto-rickshawからの発想から出発し，1つのワイパー，サイドミラー，標準品はラジオをなくしインド人の生活スタイルにもとづく飲物や食物の貯蔵スペース

図5.2 倹約工学の例：Nano(Tata Motors) $2,200 (100,000 rupees)

にしている．大胆にラジオという機能を削り貯蔵スペースという差別化機能の付加である．

同時にこのような従来とまったく異なるアプローチを設計部門だけの責任で行うのは不可能であり，マネジメントモデルも変える必要がある．Nano の開発では，まずはトップの強い意志と明確な支援の下で，CFT（Cross Functional Team：部門横断型チーム）が編成されている．さらにシステムや部品レベルでは，新技術を用いた品質を確保する観点から，ボッシュのようなグローバルな有力企業との共同作業を活用した開発も組み入れている．

このような新興国・途上国の市場ニーズを発掘した製品・サービスは，しばしばリバースイノベーション（reverse innovation）につながる．リバースイノベーションとは，途上国で最初に採用されたイノベーションは，意外にも重力に逆らって川上（先進国）へと逆流するというものである（ゴビンダラジャン，2012）．これは先進国においてこれまで気がつかなかったニッチな市場やニーズと結びつくものである．これを意図的，計画的に推進し成功している事例として，GE が挙げられる．そのなかの GE ヘルスケアの一例を紹介しておこう．

ECG（心電図検査装置）は，最低でも 3,000 ドル以上でインドの地方の病院には高価で導入が難しかった．この市場に参入するために GE ヘルスケアは，LGT（Local Growth Team）と呼ぶ，幅広い権限を与えた機能横断型の小さなチームを現地に設置した．LGT はゼロからの視点で顧客の困りごとを観察し，ギャップを解消するためのソリューションを求めた．その結果，先進国では考慮されない，携帯性，バッテリー活用，使いやすさ，保守の容易さ，といった特徴を発見した．一方で価格を 800 ドルにするという目標を達成するために，汎用技術を使う，カスタマイズ部品は使わない，内製は行わないというような従来の「GE ウェイ」に反するやり方も取り入れて，図 5.3 に掲げる MAC400 を実現した．

この MAC400 は，インドにおけるニーズと制約条件で開発されたものであるが，この成功はすぐに先進国にも広がり，欧州での売上が約半分を占めるようになる．それは大きなシステムを買う余裕のなかった開業医のニーズにまさに応えるものであったからである．無論，これを支えたのは GE 本体のマーケティング力の支援があってこそのものである．

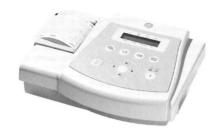

図 5.3　リバースイノベーションの例：GE MAC400i ECG

　もう一つまったく異なった発想のサービス事例を紹介しておこう．インドのナーラーヤナ病院の事例である．今から 90 年前，ものづくりに 3S（標準化，単純化，専門化）にもとづく大量生産方式を導入したフォードシステムを外科手術に導入し，外科医を専門に特化し，手術を標準化したうえで規模の効果を取り入れた．手術数を 3 倍にし，例えば開胸手術でも 2,000 ドルと米国の 1/10 の料金にしたのである．インドという多くの患者がいるという前提で成り立つものであるが，この病院の利益率は米国平均よりも上で，このモデルは米国でも取り入れられ始めているという．

5.3　グローカリゼーションと生産文化

(1)　グローカリゼーションとその有効性

　差別化軸の転換として前から知られているものとしてグローカリゼーション（glocalization）がある．それは，自国のメイン市場でプラットフォーム的な製品を開発し，その後ローカル市場に向けてその市場に適合するような若干の設計やデザインなどのカスタマイズを加えて，世界に流通させようというものである．前述の倹約工学やリバースイノベーションと異なるところは，あくまで自国製品・サービスを他国市場向けにマイナーチェンジしたものであり，多くの場合他の新興国や新興国でも富裕層を対象としたものである．言い換えれば，コストを抑えるため規模拡大を追求したグローバル販売と，個々の市場でのニーズに合わせてシェアをとるための最小限の差別化軸の転換に相当するカスタ

マイズを組み合わせた戦略といえる.

多くの場合，5番目の戦略であるブランド・企業イメージ向上戦略も兼ねて，ブランド名は世界統一ブランドで展開される場合が多い．その典型例が，シャンプーにおけるP&Gやユニリーバの例である．図5.4は第1章の図1.6をブランドと国の数を増やして収集，比較したものである．日本を含む世界各地で

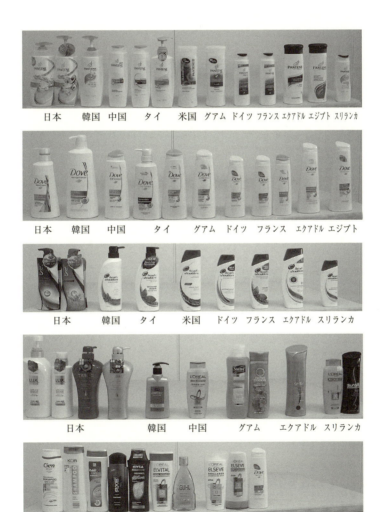

図5.4 同一ブランドにおけるグローカリゼーション戦略にもとづくデザイン，サイズなどの違い

展開されている P&G におけるパンテーン（最上段），そして H&S ブランド（3段目），ユニリーバの Dove ブランド（2段目），そして4段目，5段目にはその他各国で主要なブランド（日本の資生堂，フランスのロレアルなど）における国によるデザイン，サイズ，機構の違いを示したものである．

　写真からわかるように，同一ブランドでもデザインや形状，サイズ，そして機構も少しずつ異なることがわかる．機構については，ブランドが異なっていても日本や韓国，タイのみ，ポンプ式であり，特に日本はデザインが凝っていることがわかる．反対にドイツやフランスではサイズも小さくシンプルであることがわかる．その他の国では米国か欧州に近いものとなっている．シャンプー自体についても，匂いを微妙に変化させてあることがわかる．また，裏の使用説明の記載も国によって異なる工夫が施されている（藤本，2013）．

　日本で売られているものがブランドによらずポンプ式で比較的サイズが大きく，逆にドイツや欧州ではサイズが小さいのは，風呂で髪を洗う文化とシャワー文化の差を反映したものであろう．実際このような製品群を提示し，約60人の日本人，外国人に好みをヒアリングしたところ日本人はやはり，日本で売られているシャンプーについて，デザイン，色遣い，説明の情報量ともに，好む傾向が顕著であった．加えて，日本だけの特徴は，各社のブランドに共通して店舗の棚には図 5.4 に示すような容器に入った状態ではなく，ほとんどが図 5.5 の左の写真に示すような詰め替えパックであった．これは他の国，例えばタイや韓国でも見られない現象であった．

　なお，日本企業のグローカリゼーションはタイなどの一部を除き，特に欧米での展開はほとんど見られなかった．図 5.4 の5段目のドイツの右端，GUHLという製品が花王のものであるが，これは現地企業を買収し，そのブランドをそのまま使っている状況で，グローカリゼーションとはほど遠い状況といえよう．

　一方，グローカリゼーションは，どこまで有効なのであろうか．図 5.6 は，これまで何度も引用してきた筆者の研究室で行った世界8カ国・地域におけるCS関連の調査での結果で，シャンプーの企業別の相対CS（国のバイアスを除いた）の平均値を示したものである．これを見る限り，同じ企業（ブランド）であっても国によって異なり，P&G は米国，ユニリーバは欧州資本であるとい

5.3 グローカリゼーションと生産文化　　　137

フランス

日本（ほとんどが詰め替え用）

タイ

図 5.5　シャンプーの店舗での販売されている状況

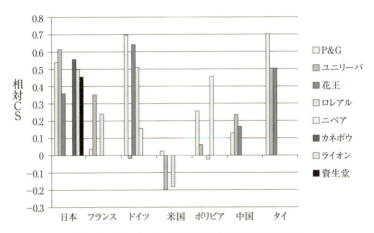

図 5.6　シャンプーの企業別の各国の相対 CS

うようなブランドイメージのほうの影響が大きいように思える．言い換えれば，各国でのカスタマイゼーションは横並びで，例えば日本でいえば，日本おけるリーディング企業に追随して，ポンプ式や詰め替えパック方式などが各社に採用され，どちらかといえば，各社独自のカスタマイズにはなっていない．

　シャンプーのような日用品に対して，自動車の場合の**図 5.6** に相当するもの

を見ると，例えばマツダがドイツで相対 CS が他社に比べて高いのに対して，米国で高い相対 CS を誇るホンダは欧州では低調というように，国による顧客の感性と各社の個性と相性のようなもの，すなわち，今から述べる生産文化といったものが窺われる．

(2) 生産文化的視点の重要性

グローカリゼーションをもっと突き詰め，各国の文化や制度に根差した好みに考慮したデザインとして生産文化という概念がある．生産文化とは，1990年頃から欧州，特にドイツからいわれるようになった言葉で，本来，いわゆる生産技術とそれを取り巻く国の文化・制度には密接な関係があることをいう（伊東，1997）．日本は擦り合わせ型が得意で，米国はモジュール型製品が得意というのも生産文化の違いであろう．ここではさらに生産から製品・サービスについても，その好みや趣向は文化・制度に関係するという意味で，この言葉を使う．日本によるこの言葉の生みの親である伊東も，オンザロックでウイスキーを飲むときに好まれる氷塊の形状は，日本は四角形，欧州は砲弾形かキャラメル型，米国ではクレセント型やレンズ型で，それ以外にないことを指摘している．

生産文化的視点で成功した例が，ユニ・チャームの東南アジア市場でのパンツタイプの紙おむつ開発であろう（図 5.7）．テープタイプの紙おむつは P&G が世界の市場を席巻していた．インドネシアなどの東南アジアでは乳児にいきなり布のパンツをはかせる慣習があり，1992 年に投入したユニ・チャームのパンツタイプ紙おむつマミーポコは，その代替として一気にシェア 60% というトップシェアを獲得した．

このような文化や慣習の違いを取り入れた成功例は他にもあると思われるが，

図 5.7　パンツタイプ紙おむつ：ユニ・チャーム「マミーポコ」

ここでは，日本，米国，ドイツといった先進国間で見られる生産文化的な違いの例をいくつか挙げておこう．

- **自動車**：米国は空間が広い大型車，日本はコンパクトな小型車，また税制面での優遇も反映して軽自動車という独自のカテゴリーが生まれた．ドイツや欧州はその中間である．品質や使用材料にも厳しい日本やドイツに対して，米国ではそれよりも価格が優先された．中国でもひと回り大きなクルマが好まれる（中国でのアウディの成功）．

- **タブレット・携帯**：日本製品は例えばソニーの Tablet Z2 は防水に対して，アップルの iPad Air はそうでない．これは日本の風呂文化の影響と思われる．また，日本や韓国製品は，大型画面で高速度のインターネット仕様で高価格であるのに対して，米国製品は小画面で低速度であり，携帯性や低価格を志向している．

- **パッケージ・包装**：日本ではあらゆる加工食品が過剰に包装される．例えば，クッキーも1枚ずつきれいに包装されている．これは後述する過剰なまでの清潔さや安全を求める不確実性回避の性向に加えて，"おみやげ"文化も影響していると思われる．これに対してドイツや北欧では，最小限の包装で，環境にやさしいとともに顧客側がリスクをとることに慣れている．

- **スーパーマーケット**：日本のスーパーは米国やドイツに比べて，品揃えが豊富で特売品は別にしてきれいに棚に陳列され，しかも商品の補充も高頻度に行われている反面，価格は高いといわれる．これに対してドイツでは段ボールに入れられたままで陳列され，特に店側の手間を省くことで低価格に抑え，前述したように知覚価値を重視している．

- **銀行などの窓口や現場でのサービス業務**：日本の窓口やレジでの対応は，極端に礼儀正しく丁寧である一方で，例外事項に対する意思決定のための責任や知識を一般にもたされていない．これに対してドイツでは余分な儀礼は不必要かムダと考えられ，本来のサービス業務に対する知識や迅速な意思決定に重みが置かれる．

- **大学・高校教育**：日本では学生が責任を負わず教授や教師側が負い，特に大学では不勉強にもかかわらず落第は稀である．特にドイツでは，何

事も学生のほうが責任を負い，むしろ教授・教師への反論が歓迎され，70％の学生が落第しても教授側は何も責任を負わない．授業も討論が中心で，教授，教師側は教えるというよりも，調停役を演じる．米国はその中間であるが，教授・教師への反論はあまり歓迎されない．
- **テレビ番組**：日本ではプライムタイムをバラエティ番組が占めるのに対して，ドイツでは皆無であり，多くが警察もののドラマや討論番組が占めるという．

以上例を挙げたが，これらはいずれも第7章で述べる国の文化や制度に根差したものであり，どちらが良い，というものではない．また同じ国でも顧客層によって異なり，時間とともに変化するものでもある．同時にグローバルにものや人が行き交う時代である．例えば，米国の標準化やシステム化の生産文化の下で生まれたセブンイレブンが日本に来ることで，きめ細かさや正確さと結びつき本家を凌ぎ大発展，そして今や海外へ大きく羽ばたいている．

すなわち，異なる生産文化が結びつくことによって，より普遍的な価値をもつ革新的なグローバル標準モデルが生まれる．そしてそれがさらにグローカリゼーションに進んで行くという道である．生産文化を意識することは，異なる生産文化を組み合わせることで世界に通用する製品・サービスを創造するのに，格好の気づきを与えてくれるのではないだろうか．

なお，先の世界8カ国・地域でのCS調査で，グローバル企業とローカル企業で相対CSの大きさを比較すると，製品とサービスでは傾向が異なる．ここでグローバル企業の定義とは，3カ国あるいは複数の地域（アジア，欧州，南北アメリカ）で事業を展開しているものを指す．図5.8はその結果であり，統計的にも高度な有意差が出ている．すなわち，製品では若干グローバル企業のほうが高いが，サービスでは逆にグローバル企業のほうが圧倒的に低く，ローカル企業のほうが高い．これは生産文化の観点から，国によって好まれるサービスの内容や形態が異なるためと思われる．例えば，前述したスーパーマーケットのグローバル企業の日本への参入がなかなか進まない一因を示しているものと思われる．

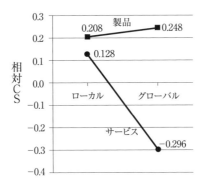

図 5.8　グローバル企業とローカル企業の相対 CS の差

5.4　品質差の見える化

　差別化軸の転換の次の第二の戦略である．BtoB ではまだしも BtoC の状況では，高品質，高性能，高信頼性といってもどれだけ消費者は知覚，実感できるであろうか．品質差とは，前述した期待に対する無差別領域を越えて初めて認識される．実用的特性であっても，無差別領域を越えた圧倒的な品質差，性能差が実感できれば情緒的価値につながり，高い CS やロイヤルティにつながる．今でも日本製品には，このような製品が多く存在するが，例を挙げよう．

　図 5.9 の左は，日立，東芝，三菱電機といった日本メーカー同士で世界最速を競い合っている高速エレベーターである．時速は 70 キロで高さ約 500 メートルを 40 秒で，振動も音もなく昇り降りする．特に欧州のエレベーターと比べると圧巻で，まさに「ワォー」といった感覚である．中央の写真はテルモの 0.18mm という世界で一番細い注射針である．極細針によって痛点を避け，痛みをほとんど感じさせない品質は圧倒的である．そして，その右は，超低摩擦の三菱鉛筆のボールペン，ジェットストリームであり，いずれも世界の市場で受け入れられている．

　軽薄短小は目で見てわかりやすいが，圧倒的である必要がある．古くは 1987 年洗剤のバイオ技術による洗浄力強化によるコンパクト化で従来の容量を 4 分の 1 にした花王アタックぐらいのインパクトが必要である．なかなか感じてもらえない品質差であるが，いずれも長年培われた技術があって初めて実現できるものである．その意味では，技術のほうから消費者の合理的判断に導

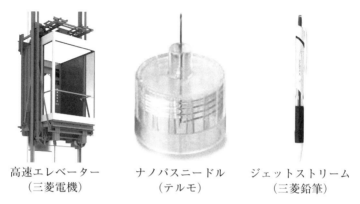

高速エレベーター　　ナノパスニードル　　ジェットストリーム
（三菱電機）　　　　（テルモ）　　　　（三菱鉛筆）

図 5.9　圧倒的品質の製品例

くのも一つの方法である．その例として，東レが開発した炭素繊維を用いたユニクロのヒートテックがある．

　これらは品質差を感じさせる正攻法であるけれども，多くの場合，他国よりは他社よりは自社の品質は断然いいはずであるが，なぜ買ってもらえないだろうか，というのが現実と思われる．2014年6月30日号の『日経ビジネス』に次のような記事があった．トヨタスタンダードと呼ばれる耐久性の高い品質基準を緩めずにインドの小型車市場に参入した世界一のトヨタが苦戦している．その理由は，長く乗ってくれれば良さがわかるはずであるが，小型車クラスは2〜3年での買替えが一般的で，それよりも見栄えで他社製品に顧客が流れたというものである．

　このような時間軸上で評価される品質や信頼性は，損なうとクレームには結びつくが購入時には評価され難い．同様に初期費用に運用・維持コストを加えたライフサイクルについても同様である．情報の非対称性に加えて，行動経済学でいう消費者の非合理性に起因する合理的判断能力の限界にもとづくものであろう．ではどのようにすればよいか．その一つの方策が，合理的判断を導く品質差の見える化であり，そのなかの一つがラベリング制度である．

　その代表例がタイヤ業界における低燃費タイヤのラベリング制度であり，「転がり抵抗」と「ウェットグリップ」という二律背反の関係にある特性について，「転がり抵抗」はAAA，AA，A，B，Cの5等級にグレーディングされ，「ウェットグリップ」はa，b，c，dの4等級に格付けされる．図5.10にその例を

図 5.10　低燃費タイヤのラベリング制度

挙げる（ブリヂストン ECOPIA EP001S）．この場合，「転がり抵抗」が AAA，「ウェットグリップ」も a といずれも最高級だといえることを意味する．このラベルを見るだけで品質差を実感できる．この制度は欧州にもできたが残念ながら基準が異なるものとなっている．

　他には，国が主導する基準達成率，年間消費電力を表示する省エネルギーラベルや，小売店側が 5 段階で省エネ性能を表示する統一省エネルギーラベルがある．環境や省エネに関するものついては国や州の規制などとタイアップするのも一つの方法であろう．また品質に関する認証制度も ISO 9000（品質マネジメントシステム）や業界に特化したものがあるが，製品・サービスそのものについての性能や品質の優秀さを示すものはなく，BtoB の取引では必要条件であってもそれ以上ではない．

　なお，近年レストランにおいてこだわりの食材を使用していることを示すために，メニューに生産者や産地を記載するようになってきた．これは使用食材の品質を見える化するための方策であろう．また安全の立場からは，スーパーなどでも食材とともに生産者の顔が見られるような表示が行われることも当たり前化してきた．

5.5 ワクワク経験価値の創造：ものコトづくり

　さて，次は図 5.1 における情緒的価値軸を特に意識した第三の戦略，ワクワクするような顧客の UX (ユーザーエクスペリエンス)，すなわち経験価値の創造である．前章までの調査・分析結果からも顧客の情緒的価値を刺激することによって，より高い CS やロイヤルティを得られることが示されている．そのためのアプローチとして本書では，"ものコトづくり"という用語を用いる．これはある意味では当たり前である．サービスの分野では"コトづくり"という言葉が以前からいわれてきたが，日本のものづくりにおいて技術のみにこだわり過ぎたことへの反省の意味を込めている．

　この稿を書き始めた 2014 年 8 月 6 日の『日本経済新聞』の朝刊に，次のような記事があった．日本市場の掃除機の売れ筋トップ 10 に海外家電が 4 機種入っているというものである．韓国プカンセムズ社の蒲団専用クリーナー「レイコップ」など，いずれもハイテク製品ではなくちょっとしたアイデアで，消費者の「あったらいいな」を形にした製品であり，開発の目線が消費者，消費者のコトに向いている，というものである．一方で，日本の電機大手の技術者は特許や論文を書くことに忙しく，主婦の悩みまで気が回らないというものであった．同時に，従来は販売チャネルをもたない新興勢が大手を脅かすことは難しかったのに，現在ではインターネットであっという間に口コミで広がり無名メーカーでも十分戦えるようになっている．

　ものコトづくりの第一歩は，消費者目線の開発である．こう言えば簡単であるが，**第 1 章**で述べたように，顧客，消費者自身の意識も何となく感じているものであって，それを顕在化することは必ずしも容易ではない．不満ではないけれど満足でない"非満足"の背景を探るという姿勢が重要である．また顧客が「やっていると言うこと」と実際に「やっていること」には乖離があることが多い．そこで"ものコトづくり"で要求されるのは，顧客，消費者の"コト"の徹底した観察と理解である．

　その意味で経済同友会 (2011) の定義がわかりやすい．それは，「"顧客が本当に求めている商品は何か，その商品を使ってやってみたいことは何か"を，そのマーケットに生活基盤を置き現地の人と共に感性を働かせて考えることで，

真に求められている顧客価値を提供すること．さらに顧客以上に考え抜くことで，顧客の思いもしないようなプラスアルファの喜びや感動をつくりあげること．」というものである．

これを実践に移すにはどのようにしたらよいだろうか．イノベーションを生み出し世界中の注目を集めているデザインファームにIDEO社がある．同社のアプローチは少し抽象的であるが，"熱狂へのステップ"として，

① 理解
② 観察
③ 視覚化
④ 評価とブラッシュアップ
⑤ 実現

とある（ケリー他，2006）．

①，②は顧客の理解と観察であり，③はそこから得られるコンセプトの顧客の使う姿の視覚化であり，プロトタイプをつくりそれにもとづく開発チームのメンバー間でのブレインストーミングが推奨されている．④でそれを評価とともにブラッシュアップを短期間で繰り返し練り上げ，⑤で新製品・サービスを実現するというものである．開発チームとしては，異質のメンバーからなるホットなチームを構成する必要も語られている．チームワークとは，まさに異質の能力と役割をもつメンバーの協働作業である．一方，日本の場合，あえてCFTといわないチームワークは，同質的なメンバーによるグループワークに陥りやすいことに留意する必要があろう．

日立製作所デザイン本部（鹿志村他，2011）でも，"コトづくり"に相当すると思われるUXあるいは経験価値のデザインアプローチが整備されている．

① エスノグラフィー調査：エスノグラフィー（ethnography：民族誌）とは，フィールドワークにもとづいて人間社会の現象の質的説明を表現する記述のことであり，開発しようとする製品・サービスに関する人々の実際の行動を詳細に観察し，得られたデータに対して分析を行うことによって，人々が実際に行っていることの全体像，暗黙のうちに前提としている価値観，満たされないニーズや願望を明らかにする手法である．

② エクスペリエンステーブル：開発目標となる顧客のコト，経験を導き

出すために，横軸に時間軸としてのフェーズ(例えば，サービスの場合，来店，受付など，顧客が実現したいことはフェーズで異なる)，縦軸には経験にかかわる顧客を含めたステークホルダーを配して，フェーズごとにステークホルダーの"あるべき姿(To-be)"の経験を図などを用いながらわかりやすい表現にするものである．このシナリオを開発メンバー全員で共有することにより，開発が進むにつれて発生する仕様変更にも，全体像を失わずに確認できる．

③　ビジネス折り紙：さらに漏れを防ぎ練り上げるために，顧客を中心としたバリューチェーンを再構築することが目的である．人型やビルの形を折り紙でつくり，卓上に置き自由に動かしながら課題の抽出を俯瞰して共有できるようにするものである．

　これらに共通しているのは，顧客を徹底して観察し，時間軸での一連のコトあるいは UX の流れとして潜在しているニーズや困りごとを視覚化し，開発メンバー全員でシミュレーション・評価するチームワークであり，供給サイド目線からの開発と一線を画すものといえよう．

　その意味では，その他，同様な考え方のツールとして，図 5.11 に示すような McCarthey 他(2004)の枠組みにもとづくの経験を捉える手法がある(梅室，2009)．Activity-Based Design とも呼ばれるものである．顧客の製品や技術とのかかわりを横軸の時間の流れであるフェーズを6つに分けてある．一方，糸を意味するスレッドと呼んでいる縦軸は，経験の内容であり，実用的，情緒的をさらに細かく4つに分け，フェーズごとにどのような体験を顧客が感じとるか(とれるか)を記述するものである．

フェーズ／スレッド	期待	接触	解釈	熟考	価値評価	詳述
構造化						
感覚的						
感情的						
時空間						

図 5.11　UX のフレームワーク(梅室，2009)

列のフェーズの最初の期待(anticipating)は，製品を購入・利用する前で顧客が期待を膨らませている段階である．次に接触(contacting)は，初めて製品に接したときの第一印象の段階であり，解釈(interpreting)は製品を実際に使ってみて仕組みや機能を理解する段階である．そして熟考(reflecting)はその製品トータルとしてどういうものかの客観的な価値の理解や評価であり，次の価値評価(approaching)はそれが自分にとってどのような価値をもつのかの評価である．そして最後の詳述(recounting)は得られた経験やそれに対する感想を他の人に伝えたりする，いわゆる口コミの段階である．

行のスレッドのほうでいえば，構造化(compositional)は合理的な理解や判断にもとづく経験であり，第3章で述べたユーティリタリアン，すなわち実用的価値やユーザビリティに相当するものと考えられる．感覚的(sensory)は文字どおり五感で感じる経験，そして感情的(emotional)は"共感する"といったより内省的な感情経験であり，時空間(spatio-temporal)は"解放感のある広さ"とか"懐かしい"といった空間や時間を感じるような経験を意味し，これら3つは第3章のヘドニック，すなわち情緒的価値に相当するものと思われる．

以上のようなフレームワークを第3章の図3.5を対応させると興味深い．フェーズの期待はそのまま事前期待，そして接触，解釈は知覚品質，熟考は知覚価値，価値評価はCS，そして詳述は再購買意図や口コミが，それぞれ図3.5のメカニズムに対応する．そして構造化は実用的価値に，感覚的，感情的，時空間は情緒的価値に対応することから，最終的にCSや口コミにどのようなメカニズムで結びつくかも推定できる．

製品・サービスを開発・設計する際，顧客のコトを徹底的に観察，理解したうえでこのフレームワークを用いると，時間フェーズごとに顧客が実際に感じるであろうコトと，スレッドに対応するその内容を記述することで，網羅的にシミュレーションすることを可能にする．加えて，その記述からより情緒的価値を生み出すコトを重視，充実させることを検討することで，高いCSや再購買意図に結びつく確度の高い設計を可能にすると思われる．

品質管理に近いところでは，既に広く使われている第1章で紹介したQFDをベースにした経験価値としてのシーン展開やシーン評価を取り入れたものも提案されている(大藤, 2010). 図1.11左の列部分の要求品質展開表の部分を

シーン展開表に置き換えたものである．時間軸はないが顧客のコトを When, Where, Who の形式で表現したシーンを列挙したものである．対応して行に相当する品質特性展開表の部分に，スレッド，あるいは実用的価値，情緒的価値を加え，各シーンの重要度を加えることも一案かと考える．さらに，加藤(2010)の提唱する顧客が商品を消費するプロセスを描くための"スクリプト"があり，これも顧客のコトを引き出す有効な手法であろう．

5.6　ものコトづくりの事例とエコシステム：BtoB から BtoC へ

　実際のものコトづくり事例としてどのようなものがあるだろうか．顧客の困りごとの把握が比較的容易である BtoB は，既にソリューションビジネスとして多くの成功例がある．例えば，コマツの建設機械の稼働状況の見える化(KOMTRAX)による顧客サービスや，さらに AHS と呼ばれる超大型ダンプの無人運行システムは，顧客の鉱山オペレーションというコトにおける安全性，経済性，生産性，環境性の向上に大きく寄与するものである．

　さらに身近な例ではブリヂストンの新品タイヤ，再生タイヤであるリトレッド，そしてメンテナンスを組み合わせたタイヤソリューションは，顧客であるトラック，バス事業のオペレーションについての環境負荷低減だけでなく，安全性や経費節減につながる価値を提供している．これらはいずれも建機やタイヤというものの供給から，それらを使った顧客のコトに対するサービス提供で価値創造を図ったものである．

　BtoC に近い事例としては，日本企業がこれまで強みを見せてきたものに複写機がある．図 5.12 はオフィス生産財としての複写機について，左から右に顧客のコトや社会ニーズの変化，そして上から下に対応にした顧客価値創造のための設計の機能・性能の変化を整理したものである．専任者による大企業での活用やコピーサービスから始まる使用環境適合性や信頼性を高めることから，不特定多数や高齢者の使用に対応したユニバーサル性まで，価値創造の推移が描かれている．

　この複写機の成功例の背景には，図の左端に示しているエンジアリング設計にインダストリアルデザインという役割が，開発・設計に大きく寄与したこと

	生産性増大	生産性向上		環境保全	分散処理	社会福祉 少子高齢化 グローバル化
社会及び顧客の関心事・要求	↓	↓	↓	↓	↓	↓
市場拡大	コピーサービス・大企業	中小企業	SOHO・家庭	—	—	—
使用者の多様化	専任者	一般従業員	一般人	—	不特定多数	高齢者・異文化
使用場所拡大	店頭, OAコーナー	オフィス・机	任意の場所	—	ネットワーク	—
インダストリアルデザインによる価値創造 ↓ 使用環境適合性	目立つ外装色(存在感)	デスクトップ化(オフコンとの統一感)				
信頼性	基調色の統一(シリーズ統一感)					
審美性		プラスチック化(機能美, 先端性)	かわいらしさ(愛着)			
操作性		原稿別ボタン(分かり易さ)	取っ手(持ち運び)			
保全容易性		自己診断表示(作業性)	トナーカートリッジ(誤操作防止上)			
環境保全性				節電ボタン(節電中の明示)		
利用拡張性					ドキュメントサーバー(分かり易さ)	
ユニバーサル性						大きなボタン(バリアフリー)

図 5.12 複写機の顧客・社会ニーズと対応したデザインの変遷（杉山，2011）

が挙げられる．このように，コトづくりのためには，インダストリアルデザインあるいはデザインという発想が，改めて大変重要になってくる．設計の訳語はデザインであるが，どうもこれまで日本の設計といった場合には，エンジニアリングデザインを指す場合が多かったのではなかろうか．

さて問題は BtoC，なかでも製品である．サービスはそもそもがコトづくりであり，後述するように日本の場合，過度の顧客へのカスタマイズの一方，標準化やシステム化が苦手といったコトづくりに関するむしろ逆の意味で問題を孕んでいた．

BtoC 製品での"ものコトづくり"の成功の代表例として常に挙げられるのが，アップルの iPod，iPad，iPhone であり，多くの文献で取り上げられているのでここで詳しい説明の必要はないであろう．ガラケーと呼ばれた日本製品との対比で，"ものコトづくり"という言葉，その必要性が叫ばれる起爆剤となったものである．第1章で述べた多機能疲労を引き起こしたガラケーと比較して，顧客価値の大きさは圧倒的なものがある．

図5.13は，何度も引用している世界のCS調査で，各国における携帯電話の企業別の相対CSを示したものである．5.3節の図5.6のシャンプーの場合と異なり，アップル1社の相対CSが抜きん出て高い．この調査は2010年前後で中国やボリビアにはまだほとんど普及していなかったことを考慮すると，ワクワク感に通じるそのインパクトの大きさがわかる．言い換えれば，ものコトづくりに成功すると，グローカリゼーションや生産文化を越えて，圧倒的な顧客価値に結びつくということである．これはスティーブ・ジョブズという天才によるアイデアにもとづくものといえるが，その思考のなかには，前節で述べた例えば図5.11のような枠組みや，後述する顧客のコトに関する共創的な発想があったのではなかろうか．

もう一つiPod，iPad，iPhoneの流れの"ものコトづくり"で重要なことはエコシステムの生成ということがある．エコシステム(ecosystem)とは，本来，生態系を意味する用語であるが，複数の異なる企業が商品開発や事業活動などで，互いに補完するような商品や技術を生かしながら，消費者や社会を巻き込み，共存共栄していく仕組みを意味する．アップルの場合には，i-Tunes，Apple Store，iMagagine，iBooksなどと組み合わされてエコシステムが形成され，それを継承，再構築しながら顧客のコトをさらに豊かにしていった．

自動車であればガソリンスタンドというように考えてみれば，多くの製品の

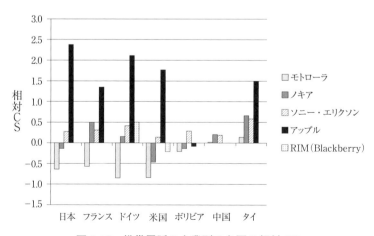

図5.13　携帯電話の企業別の各国の相対CS

コトを成り立たせているのは，エコシステムが形成されているからに他ならない．このエコシステムの形成，その継承，再構築を描いて実現する努力こそ，顧客のライフスタイルの変化をもたらすようなイノベーションにつながり，かつ持続的成功を支えるものであるといえる（Andre, 2012）．これは日本企業がこれまで実践してきた自前主義の否定でもあり，オープンイノベーションということにもつながるものである．

　もう一つ最近の事例を挙げよう．サーフィンなどのアクション場面で使われるビデオカメラのゴープロ（GoPro）である．日本企業，特にソニーの牙城であった世界のビデオカメラ市場において，2013年にはソニーを抜き出荷台数世界第1位となった．このゴープロには新しい技術は何も使われていない．ただサーフィンなどの激しく動くシーンを撮りたい，顧客が諦めていたコトを徹底的に理解し，行動を分析することによって生まれたものである．そのため撮影を確認する液晶モニターもなければ，手ブレ補正機能もついていない（図5.14）．その代わり広角のレンズと，腕やスポーツ器具に取り付けやすいデザイン性が取り入れられている．

　5.2節で述べた倹約工学と同様に，既存のビデオカメラを起点とした機能の引き算で生まれたものではない．顧客自身も気がついていない，諦めていたことを理解し，一方で今顧客が受け入れている機能は本当に必要としているのか，このようなゼロからの発想で腕やサーフボードに取り付けやすいというデザインの足し算の発想で生まれたものである．そしてアップルの場合と同様にゴープロが開発されると，ゴープロの利用シーンを拡大させようと，さまざまなアクセサリーを開発，提供する企業が登場するといったエコシステムが形成され

図5.14　ゴープロ社のビデオカメラ：GoPro

つつある．

　最後にもう少しシンプルな"ものコトづくり"を紹介しておこう．東京工業大学大学院の授業において，学生にものコトづくりの例を挙げてもらう課題を出した．このうちのいくつかを挙げると次のようなものがあった．まず図5.15の左に示すのはアキレスの運動靴「瞬足」である．小学生をターゲットにした運動靴の開発に際して，社員が運動会の現場を3年間観察し続け，子供たちの運動会で活躍したい，速度を落とさずにコーナリングすると転んでしまう，という困りごとを発見し，左回りのコーナリングがしやすい左右非対称の靴底の「瞬足」が生まれた．

　中央の写真は，PCを長時間使用することによる目の疲れを軽減するために"ブルーライト"をカットすることで悩みを解決したJINSの「JINS PC」，そして右の写真は，針をはずすことは手間，でも当たり前で仕方ないと諦めていることを覆し，しかも位置を確認しながら綴じられるように従来の形状と反転させた針なしステープラ，コクヨの「ハリナックス」である．いずれも顧客のコトを徹底的に観察するか，困りごとから開発の発想が生まれたものである．

　その他，若い人がみんなで食事とおしゃべりを楽しみながら飲む価値を演出した「角ハイボール」(サントリー)，時間的ゆとりが欲しい主婦のコトを観察したうえで洗浄力が高く泡切れの良い洗剤としての「アタックNeo」(花王)，コンビニ弁当などの四角いものも効率的にまんべんなく温められる「ターンテーブルのない電子レンジ」(三洋電機)，スタンドにボールペンを差し込むと，ペンスタンド内部にゆっくりと優雅に沈み込んで行き仕事の合間の癒しを与え

瞬足
(アキレス)

JINS PC
(JINS)

ハリナックス
(コクヨ)

図5.15　ものコトづくりの事例

る「スタンド＆ボールペン」(ゼロ精工)，女性のコトを意識して簡単に自転車を積み込める圧倒的広さと可愛い軽自動車としてのファッション性を実現した「N BOX」(ホンダ)など多くが挙げられた．

5.7　ものコトづくりのための経営と人材育成

　前節での事例，そしてその前の節でもものコトづくりのための発想法や方法論について述べてきたが，ここではもう一歩掘り下げて，日本企業におけるそれを担う人材育成や組織のあり方を探ってみよう．これまで３つの戦略について述べてきたが，これらに共通して必要とされるものである．

　上田(2010)によれば，ものづくりの問題解決や発見のアプローチには，決定論的設計から創造的シンセシスまでの以下の３つのクラスがあるという．

- クラスⅠは，目的および環境に関する情報が完全で，最適解探索が中心課題となる．
- クラスⅡは，目的情報は完全だが環境情報が未知あるいは変動する状況で，適応的解探索が中心課題となる．
- クラスⅢは，目的情報も不完全で，目的確定と解探索をカップリングせざるを得ない状況で，共創的(オープン)解探索が中心課題となるものである．

　これを推論のアプローチに対応させると，クラスⅠは原因側から最適ルールを当てはめることで解(目的である結果)を求める deduction(演繹的推論)，クラスⅡは多くの因果関係を観測，学習することで解の質向上を図る induction(帰納的推論)，クラスⅢが因果の結果の断片から因果関係を探り当てる abduction(アブダクション)に相当するものといえる．

　このなかで高度成長時代の日本のものづくり強みは，クラスⅡのアプローチにあった．すなわち，高品質や高信頼性，あるいは不良ゼロ，在庫ゼロといった明確な目的の下で，企業や現場そして問題そのものを取り巻く環境が変動するなかで，TQC や JIT など，今や世界で通用する KAIZEN，すなわち組織的，継続的改善を開花させ，工業化社会のイノベーターとして勝利者となった．逆に弱みはクラスⅠのアプローチであった．目的，特に環境に関する情報を完全

にするには，環境条件を標準化することが一番である．言い換えれば，クラスⅠに帰着できる問題でもクラスⅡに持ち込むという弊害が，これまで指摘されてきた．

ここで3つのクラスの目的を，顧客価値にするとわかりやすい．工業化社会の顧客価値は，高品質・高信頼性あるいは多機能であった．1990年頃から情報化社会に移行するとともに，これまで何度も述べてきたように顧客自身も自分が何を欲しいのかわからない非満足の状況に陥る．加えて2000年頃から文化も制度も異にするまったく異なる顧客価値をもつ新興国のボリュームゾーンが出現する．要するに，顧客価値という目的そのものの情報も不完全な状況に移行してしまう．一方，多くの日本企業は工業化社会の成功体験から抜け出せずに，いわゆるイノベーションのジレンマに陥ることになった．

要するに，現在求められているのは，クラスⅢの共創アプローチであるということである．ここで共創とは，目的である顧客価値そのものも探究しながら，それを実現する共創的解探索を行うということであり，まずは顧客と開発者との共創ということである．その第一歩が5.5節で述べた顧客のコトの観察と理解である．技術はそのための手段であり，同時に自前主義にこだわる必要はない．前述のクラスⅢの定義の括弧内に「オープン」とあるが，オープンイノベーションあるいは前述した外部のパートナーとのエコシステムの形成ということの意味も，"共創"という用語に込められている．

それでは，共創やクラスⅢの問題解決アプローチができる人材とは，どのようなものであろうか．経済同友会(2012)では，これにプロデューサー的人材という言葉を用いている．"コトづくり"概念を浸透させ，日本的ものづくりを理解したうえで，顧客価値を共創・具現する価値提供ストーリーを構築できる人材を意味する．そのためには，基礎的な知識を幅広く身につけ，"コトづくり"に必要な土台となる知識や共通言語としての「型」（例えば，5.5節で示したフレームワークや方法論）を学ぶ必要があろう．そのうえで，企業での企業理念を強く反映した実践を通じて鍛えられるものである．

難しいことを述べたが，よりシンプルには，カーネギーメロン大学の金出武雄教授の問題解決のメタ技術として「素人発想玄人実行」（金出，2004）という言葉にあろう．コトを考える（コトという言葉は同氏の著作には出てこないが）

発想は，単純，素直，自由，簡単でなければらない．それを邪魔するのはなまっじっかな知識，知っていると思う心である．知識があると思うと，物知り顔に「いや，それは難しい」，「そんな風には考えないものだ」と視野を狭くしてしまう．一方，発想を実行に移すには知識がいる．考えは良くても，下手につくったものはうまく動かない，というものである．スティーブ・ジョブズが「博士は要らない．その代わり日本の技能工が欲しい」と語った逸話があるが，この辺りのことを指しているのであろう．

さて，プロデューサー的人材は，資質のある人材を選出しても果たして育成できるのか，あるいは育成ではなく選び探し求めるのかは，議論のあるところである．しかし，そのような人材が企業において活躍できるようにするためには，その必要性が経営者は無論のこと会社全体で共有され，仕組みを整備する必要があることは誰もが認めるところである．特に日本文化の特徴として，**第7章**で述べるように，「リスクをとりたがらない」，「挑戦や異分子を認めない」といった風土がある．工業化社会から競争の基準が変わった今，日本のものづくりを継承し，新しい意味の"品質立国"のためには，企業風土自体も刷新することが不可欠である．

50年の歴史と戦後の日本の品質についてのあり方を発信し続けてきた会議として，日本科学技術連盟主催のQCS（品質管理シンポジウム）がある．筆者が主担当組織委員を務めた第97回QCS（於：箱根小涌園ホテル，2013年12月3日〜5日）において，主テーマ「ものコトづくり時代の品質管理と人材育成」の下に，前述のような認識や経済同友会の議論も踏まえて，6つのグループで議論を行い最終日の全体討論をとおして，約200人の参加者の合意の下で取りまとめられた提言「"ものコトづくり"成功のための7箇条」を紹介しておこう．

① 製品・サービスは手段，目的は顧客のコト・価値提供．
② 経営者自ら価値観を語り，事業化の要件を整える：己（自社のリソース，組織能力）を知った上で顧客・ビジネスドメイン（コト）を定義・発信．
③ 社員との共感，コミュニケーションと価値観の共有．
④ 仕事を任せる仕組みと担当する仕事を"自分自身の課題"と主体的に捉えるオーナーシップを植え付ける．と同時に尖った人材も受け入れる

ような自由闊達さと一律基準を排除し，挑戦による失敗を許容する風土を形成．

⑤ 規定演技と自由演技を踏まえた現地（文化・制度を踏まえた適正品質に向けた設計・調達・生産）活用のための仕組み整備と人材育成．

⑥ 現場・市場情報の把握と変化へのスピード対応．いつでも未完成との態度で顧客のコトに対するPDCAを常に回す．

⑦ マーケティング，セールス・サービスの強化と開発・生産との一体化．CFT（クロスファンクショナルチーム）をうまく活用．

まず①はコトづくりの大前提であり，②はそのための経営者の役割，そして③はそれを組織全体での共有である．④は従業員一人ひとりと組織全体の能力を最大にするための方策，そして⑤と⑥はグローバルな市場対応とそのための人材育成．そして⑦は，これまでの日本企業の弱点であった生産や設計開発と販売・マーケティングの一体化という組織的な刷新である．この点について **1.6節の図1.13**で述べた裏の品質力，表の品質力を再び持ち出し，本章の最後のメッセージとして解説しておこう．

図1.13の上にあるように，時代とともに市場や経済などを巡る環境要因は変化し，それとともに組織能力から，最後の収益力との関係も変化する．工業化社会では，ものづくりの組織能力やそれにもとづく裏の競争力，すなわち裏の品質力が，直接，表の品質力として表の競争力，収益力に直線的に結びついた．そのときには，営業は設計・生産するものを"売る"ことが主な仕事でよかった．ところが2000年以降になると，裏の品質力は必ずしも表の品質力に結びつかなくなる．それは表の品質力に相当する顧客価値が，市場の成熟化やグローバル化によって見えなくなってきたからである．

そうなるとまず組織能力から生み出される「裏の品質力」の成果がターゲットとする市場にとって魅力的でなければ，表の品質力，収益力に結びつかない．表の品質力から入り，市場ごとに何が顧客価値かということを問うマーケティング力が圧倒的な重要性をもつようになった．そうなって日本企業のものづくりの組織能力と裏の品質力が再び活かせるようなる．

海外企業の例を考えてみよう．サムスンでは，2000年頃からGMO（Global Marketing Office）が設立され，その統率の下に一気通貫のSCM（サプライチ

ェーンマネジメント）の体制が整備された．その基本的な考え方は，"そこそこの品質"と揶揄する向きもあったが，その本質は顧客に魅力ある商品の供給であり，技術は自前にこだわらないというものである．同時に，ITを武器とした市場とサプライチェーンの見える化が強化された．例えば，中国の農村で携帯が1台売れても，即座にGMOで把握できる．工場の現場頼みで，工場の見える化は圧倒的に強くても，サプライチェーン全体となると途端に見えなくなる日本の同業者との違いは一目瞭然である．これこそ現在の組織力といえないだろうか．

　幸い2014年，トヨタでも組織を機能軸から，市場軸に一貫する組織刷新があった．これからの"ものコトづくり"，あるいは表の品質力を強化するうえで，顧客価値実現に向け市場別のマーケティングを先頭にサプライチェーンを一貫した経営に，組織を刷新することが喫緊の課題といっていいのではなかろうか．

参 考 文 献

Andre, R. (2012) : *The Wide Lens: A New Strategy of Innovation*, Penguin Books.
McCarthey, S. and P. Wright (2004) : *Technology as Experience*, MIT Press.
Sehgel, V., K. Dehoff, and G. Panneer (2010) : "A Powerful Approach to Develop Products and Services," *The Economic Times*, May 7.
伊東誼(1997)：『生産文化論』，日科技連出版社．
上田完次(2010)：「研究開発とイノベーションのシステム論」，『精密工学会誌』，Vol.76, No.7, pp. 737-742.
梅室博行(2009)：『アフェクティブ・クオリティ』，日本規格協会．
大藤正(2010)：『QFD——企画段階から質保証を実現する具体的方法』，日本規格協会．
鹿志村香，熊谷健太，古谷純(2011)：「エクスペリエンスデザインの理論と実践」，『日立評論』，Vol.93, No.11, pp. 12-20.
加藤雄一郎(2010)：『ブランドマネジメント』，日本規格協会．
金出武雄(2004)：『素人のように考え，玄人として実行する』(PHP文庫)，PHP研究所．
経済同友会(2011)：「世界でビジネスに勝つ『もの・ことづくり』を目指して～マーケットから見た『もの・ことづくり』の実践」，2011年6月24日．
　　http://www.doyukai.or.jp/policyproposals/articles/2011/pdf/110624a_02.pdf
経済同友会(2012)：「「もの・ことづくり」のための「ひとづくり」～世界でビジネ

スに勝つために〜」，2012 年 6 月 20 日．
http://www.doyukai.or.jp/policyproposals/articles/2012/pdf/120619a_02.pdf
ケリー，T.，J. リットマン(2006)：『イノベーションの達人！』，鈴木主税 訳，早川書房．
ゴビンダラジャン，B.(2012)：『リバース・イノベーション』，ダイヤモンド社．
杉山一英(2011)：「顧客価値の実現に貢献するインダストリアルデザインの研究—オフィス用生産財の分析—」，東京工業大学博士論文．
藤本浩平(2013)：「アクティビティ・感情を考慮した CS 生成モデルによる品質設計指針の提案」，平成 24 年度東京工業大学修士論文．

第 6 章
良性ガラパゴスのシステム化とブランド戦略の強化

6.1 エレクトロニクス製品だけではないガラパゴス化現象

　本章では，前章の冒頭で示した5つの戦略のうち最後の2つについて取り上げよう．既に述べたように日本製品は高品質・高信頼性そして多機能にもかかわらず，日本消費者の目にはCSは世界一低く，言い換えれば厳しい．高度成長時代には，これに応えるべき企業努力につながり品質が鍛えられ，それが輸出競争力を高めるという好循環サイクルが回っていた．そして，世界に販売する前に日本の市場で販売し反応を見ることが品質のリトマス紙とされたほどであった．それを支えたのが，KAIZENという言葉に代表される高品質を実現するためのオペレーションズマネジメントのイノベーションであった．

　しかしながら，バブル崩壊後，世界に新しい市場が台頭すると，新興国市場ではイノベーションのジレンマという現象に直面すると同時に，国内では"ガラケー"という言葉に代表されるような"ガラパゴス化現象"と評されるようになる．すなわち，国内市場で多機能，高品質を競うあまり，その過剰さから海外で競争力を失うと同時に，国内でも第1章で述べた多機能疲労現象を引き起こしている．これは携帯電話だけでなく，カーナビなどのエレクトロニクス製品に見られる共通の現象であり，工業化社会での勝利者の成功体験がその背景にあると考えられる．

　同じ背景から起こった現象として品質リスクホメオスタシス現象（圓川，2009b）がある．リスクホメオスタシスとは，人間はリスクを減らすような安

全装置が備えられると，それに頼ることで逆にリスクを上げる行動をとる．だから事故は減らないという理論である．これに品質をつけたもので，日本製品が高品質・高信頼性になることで故障がほとんどなくなる．これは無論良いことである．問題はそれで顧客側，消費者側がメンテナンスフリー化（保守点検を怠る）したことである．30年以上も使い続けられ火を噴いた扇風機，200万，300万km以上も走り続け重大事故を起こしたトラックなどである．

　高品質が悪いという意味ではない．これは品質上の問題ではなく，顧客側とのリスクコミュニケーションや契約上の問題である．また自動車に関しては，交通事故は確実に毎年減っている事実がある．メンテナンスフリー化が問題視された数年前に，某大手トラックメーカーのメーカー推奨の点検・部品交換の実施状況と，交換前の部品の劣化状況の調査データを見せていただいたことがある．例えば，2年での交換を推奨されている部品が，4年や6年を超えても劣化が起こっていないのである．推奨に対して実際の品質は明らかに長寿命になっているのである．

　5.4節で述べたインド市場での「長く乗ってもらえば違いがわかるのに」という嘆きと同根の問題を孕んでいるのではなかろうか．高品質・高信頼性のジレンマともいえるこの問題を考えるときも，個々の部品や全体として製品の品質を追求することから，顧客がその製品を使って実現したい"コト"は何か，そのなかで安全のために顧客とどのような"コト"を共創すればよいかという発想に切り替えればどうだろうか．トラックでいえば，欧州系のメーカーのトラックは，契約で点検や交換を義務づけるという顧客の責任を明示するビジネスを徹底させている．

　話が少し逸れてしまった．ガラパゴス化の例はエレクトロニクス製品に限らない．例えば，某大手食品メーカーの人から聞いた話では，苺ジャムの生産で日本だけ工程が多い．それは瓶詰めの前に，出来上がったジャムの中から，混入している苺の茎や葉の断片をピンセットでとる工程であるという．このような無論，無害であるが，見た目を気にする傾向は，一部は**5.3節**で述べた日本の生産文化に起因するのかもしれない．しかしながら，店頭に並ぶ果物や野菜のサイズの均一さや見た目の良さは近年さらに加速されてきたように思える．

　10年近く前であろうか．段ボールをつくる工場を訪れたときに驚いた．何

とクリーンルームで製造しているのである．工場内の虫をゼロにするための発生源対策の改善活動も行われていた．話を聞くと製品である段ボールに小さな虫でも見つかると，納入先(最終顧客ではない)で一大クレームになるということであった．中に商品を収納・保管し物流時にでも商品を守るのが段ボールの本来の機能である．それに関係のない虫の付着を防ぐことが，そのコストに対してどれだけの価値を生むのだろうか．

この話はこれで終わらない．最近の家電はほとんど海外で生産して日本に逆輸入される．海上輸送等の物流・荷役から商品を守るために段ボールに梱包され日本に着き，販売店の配送センターあるいは店頭に届けられる．ところがその時点で段ボールに少しでもキズが入ったり破損していれば，受取りを拒否されるということである．そのために，メーカーとしては日本国内に梱包センターを設置し，そこで梱包し直して届けるということが行われている．それこそおそらく最終消費者が関知しないムダであろう．他の国，特に知覚価値を重視するドイツではあり得ない．

3ム(ムリ，ムダ，ムラを徹底的に排除する)という言葉は，KAIZENほどではないにしてもそのまま3ムとして世界でも通用する．無論これはTPS(トヨタ生産方式)に代表される日本のものづくりの改善活動の着眼点として生まれてきた言葉である．このような工場での実践とは裏腹に，過度な見かけの良さ，清潔さ，正確さ，新鮮さを求める裏側に，消費者からは見えない膨大なムダが隠されている．これこそガラパゴス化現象の真の問題であり，これを真摯に見直し克服しない限り日本再生，そして多くの優れた製品・サービス，特にサービスの海外展開は望めない．

6.2 消費者から見えないガラパゴス化とその正体

図6.1に例を示すように，消費者から見えないBtoBサービスでガラパゴス化は特に激しい．その一部は日本独自の商慣行にもとづくものである．建値制度(卸価格が小売店頭着を前提に決められる)，センターフィー制度(建値制度に対応して最近増えている小売の配送センターに直送する場合，商品価格の数パーセントという根拠のない数字でメーカー側が小売側から徴収される料金)，

製品だけでないガラパゴス化した日本社会

製　品
- 多機能，高機能過ぎて海外で競争力を失った携帯電話(ガラケー)，カーナビ，エレクトロニクス製品
- 故障しない製品，高品質・高信頼性の裏返し，メンテナンスフリー化
家電，自動車(**品質リスクホメオスタシス現象**)
- 最終工程に葉片をピンセットで取り除く作業を強いられるジャム
- 部品の**過度なカスタマイズ**(OEM は細かく仕様を指定．それに応える部品メーカー)

ビジネス慣行
- **生鮮食料品化**する製品：製造後，賞味期限の1/3しか引き取らない小売(**1/3ルール**)，後は賞味期限まで死待ち在庫，"もったいない"の一方で食品廃棄量11兆円(米国は5兆円)
- **納期遵守率99.9％でも不十分**(顧客とのSLAで欧米では90％でも十分)
- シュリンケージ(輸送中の盗難，破損)のない日本の物流
- 日本のスーパー：一品目当たりのs.k.u も3倍以上

消費者
- 高品質にもかかわらず世界一厳しい日本の消費者
- **絶対安全**を求める消費者，リスクは他者(メーカー，国)依存型
- 買い物して，物が届くよりも，時間どおり届くことに関心をもつ日本人消費者

その他
- 起業活動率：失敗の恐れを抱く人の割合は50％で，先進20カ国最高

（吹き出し）過剰なまでの正確さ清潔さ，鮮度さ！

図 6.1　製品，ビジネス慣行，消費者に見るガラパゴス化の例

返品制度(メーカー側が費用負担)，そして 1/3 ルールなどである．

1/3 ルールとは，加工食品においてメーカーが小売に出荷できるのは，製造後，賞味期限までの期間の 1/3 までというものである．それを過ぎると小売は受取りを拒否するため，折角の商品は工場の倉庫で眠り(死待ち在庫と呼ばれる)，会計上の理由から賞味期限を経て処分される．賞味期限(例えば，best or fresh by this date)とは，安全性が保証される消費期限(例えば，used by this date)以上に新鮮さも加えた短い期間であり，その 1/3 というのは残り 2/3 でも同じ味が保証されているのに "もったいない" 話である．したがって，少し古い統計で正確さを欠くが日本の食品廃棄量は 11 兆円に上り，米国の 5 兆円の 2 倍以上にもなるという．

海外でもこのような慣行はないことはないが，せいぜい一番厳しい米国が 1/2(米国)で，通常 2/3，英国は 3/4 である．消費者にとって新鮮な食材はうれしい話であるが，その裏でこのような慣行やムダが横行していることをどこ

まで知られているのであろうか．結局はそのためのムダなコストは消費者が払わされているのである．"もったいない"という日本文化がもてはやされながら過度な新鮮さを求めるあまり，裏でこのようなムダを発生させているのである．最近，この慣行を生販配の三者によって1/2までに見直す検討がなされているものの先行きは見えない状況である．

もう一つ紹介しよう．それは物流サービスであり，2つの側面がある．一つは日本にはシュリンケージ(shrinkage)がないか，あっても他国に比べて著しく低いということである．シュリンケージとは物流でいえば，輸送中に商品が盗難や破損により目減りすることをいう．盗難や置き引きに関して日本が突出して安全だということに符号する．例えば，ウォルマートの場合，中国などの商品の仕出地から店舗に届くまでに10%程度のシュリンケージが発生するという．ウォルマートの方に直接伺うと本当かどうかの言葉は濁したが，それは織り込み済みで，そのためにリスクマネジメントを機能させているという返答があった．

これに呼応してか，なぜか求められる輸配送の物流品質，なかでも納期遵守率(時間と量の正確さ)がやたら高いのである．99.9%でも不十分で品質と同様にppm(100万の1)オーダーの正確さが暗黙のうちに求められる．本来，納期遵守率は，顧客との合意の下で締結されるSLA(Service Level Agreement：サービス水準合意書)で決められるものである．欧米企業での話を聞くと顧客との合意の下で90%でも十分であり，顧客にとってもそのほうがコストの面で有利になる．心理学の論文で読んだことだが，日米の消費者の調査で，日本人は買い物をしたときに，物が届くことよりも，時間どおりに届くことに関心をもつ消費者が多いという報告があった．

段ボールの問題も1/3ルールと同様に，背景には後述する日本文化があることは間違いない．たとえ最終顧客や消費者がこれらの事実を知らないにしろ，根本は品質や鮮度，そして時間に厳しい最終消費者の不確実性回避文化に帰着するのかも知れない．しかしながら，問題は，最終消費者のささやかな消費行動が，小売，卸，メーカーへとサプライチェーンを遡ることによって，ブルウィップ現象(bullwhip effect：サプライチェーンで情報共有がないとき最終需要の変動が川上に行くほど補充量の変動が大きく増幅するという現象．例えば，

圓川（2009a）），すなわち伝言ゲーム的に増幅されているということである．そしてそれがバブル崩壊後の低成長のなかで，小売間，卸間，サプライヤー間のそれぞれの局面での激しい同質的競争の下で，この現象がさらに加速されている．これが多機能化を競った製品の場合も含めたガラパゴス化現象の正体ではなかろうか．

後述するように，組織間で同質的な競争を引き起こすというのも日本文化の特徴である．言い換えれば，ガラパゴス化現象は本来日本人がもつ文化特性を種に，1/3 ルールができたのも 1990 年代というように，それが高度成長から低成長への転換という時代背景の変化と共鳴して引き起こしたものといえるのではなかろうか．

6.3 良性ガラパゴスと悪性ガラパゴス

それでは過剰なまでの正確さ，清潔さ，新鮮さへのこだわりなど，これまで述べたガラパゴス化現象はすべて悪いのであろうか．良性ガラパゴスとは，過剰であっても付加価値を与えているものであり，システム化などのコストの壁を打ち破れば，海外でもある顧客層に対して圧倒的品質や価値として十分売り出せるものである．例えば，トラックの過剰な高品質・高信頼性は，それが顧客に見えるように，加えて品質リスクホメオスタシスを排除するような顧客のコトを演出するようにすれば圧倒的品質として，強みを発揮できるものである．

2013 年末に「和食」がユネスコ無形文化遺産に登録され，寿司を筆頭に日本食ブームである．スーパーにマグロからタイまで新鮮な刺身が並べられ毎日でも食べることができるのは日本だけである．ところがそれを支えるのは，魚市場から店頭までの間の双方で一次，二次卸が介在するといった極めて複雑な日本独特の流通システムである．これを海外に展開するには，それらの流通をシステム化することが不可欠である．次節で紹介するように，このような事例は枚挙に暇がない．

一方，悪性ガラパゴスとは，顧客の強みから供給側に過度のコストや負担を強いて，結局は顧客のためと言いながらも何も知らない最終消費者が支払うコストにしわ寄せをしているものである．前節で述べた 1/3 ルールや返品制度は

ムダを創出しているだけで最終消費者のメリットもほとんどない．皮肉なことにこのような日本独自の商慣行は，ウォルマートやカルフールといった大手外資にとって日本市場への参入障壁になっている．例えば，日本に参入したカルフールは，過度な日本の店舗の品揃えに負けたという説もあるが，建値制度から欧米流にメーカー出荷時点での価格交渉・取引を行い，サプライヤーから店舗までの物流を自身でコントロールしようとして，結局は商習慣の壁を打ち破れず撤退に追い込まれた．

しかしながら，TTP に代表されるように各国やマルチ(多国間)での EPA (Economic Partnership Agreement：経済連携協定)締結が，今や国の競争力を決めるといっても過言ではない．EPA によって関税撤廃や関税率引き下げとともに，経済取引の調和にもとづく円滑化が求められる．そうなると日本だけの益のない商習慣は容易に吹き飛んでしまうであろう．安易な商慣習に胡坐をかくと競争力を削いでしまう．返品制度がそうである．返品制度は，現在凋落が著しい百貨店で，戦後始まったものである．過剰に仕入れても売れ残ればメーカーの費用負担で返品すればよく，百貨店側には何も損はないように思えた．ところが過剰な在庫は本来売れるもののスペースを奪い，何より百貨店側の仕入れ能力を削いでしまった．

次章の日本文化のところで述べるように，日本は自ら概念的に自己変革することが苦手である．それに対して，外からの圧力や外敵が来ると変われるし，変わる速度もそれへの順応能力も著しく高い．明治維新も第二次世界大戦後の高度成長も，いずれも外からの力がうまく機能したものである．EPA によるグローバル化は旧弊を絶つ絶好のチャンスである．そうすると次の論点が問題となる．

その一つが過剰な正確さを求める納期遵守率や物流品質を誇る日本の物流である．これが真に国際競争力をもつかの問題である．それを論じる前にこの風潮に対する危惧のなかに，「必要なものを，必要なだけ，必要なときにつくり，運ぶ」という JIT(ジャスト・イン・タイム)批判がある．それは明らかに誤解であり，正しくない．本来の TPS における JIT はそのための仕組み(実力)があり，かつ逆にその実践によって問題やトラブルを起こす弱点を見つけ，それを強化することによって体質強化を図る手段でもある．この本質を知らずに単

なるマネジメントツールとして導入すると必ず混乱を招き失敗する．

　このような誤解を，待ち行列理論から生産方式を科学的に定式化したFactory Physics では，"ロマンティック JIT" と呼んでいる(Hopp 他，2008)．これは1980年後半から JIT が単なる経営手法として世界中に広がる過程で見られた現象を揶揄したものである．JIT や TPS をリーンとして体系化したのも(ウォマック他，1990)，このような正鵠を得た JIT に対する科学的な説明を加えたのも米国の研究者であったことも興味深い．それも日本文化で説明できる．

　要するに，悪性ガラパゴスとは，過度な品質(正確さ，清潔さ，新鮮さなど)が，過度なコストやムリ，ムダ，ムラを内包した業務によって支えられているものである．その源泉は力関係や日本独自の商慣行にもとづくもの，そして標準化しないでも暗黙知でもできてしまう日本文化にも一つの要因がある．いずれも海外では通用しない．2つだけ例を挙げよう．

　一つは，東日本大震災で露呈したサプライチェーン途絶にかかわる教訓である．例えば，ペットボトルの供給が停止した．この原因は同じブランドのペットボトル飲料でも，キャップの形状の仕様が過度にカスタマイズされ，その生産拠点の被災によるものであった．同様に被災した工場の製品・部品を物理的に代替生産できる工場があっても，設計や生産のためのシステムが工場ごとにカスタマイズされているために生産できない．さらに同じ企業内でも部品コードや名称まで異なるということにもとづくものまであった．要するに標準化やそれを包含したシステム化ができていないということである．これは後述する目先の品質にばかりこだわりリスクマネジメントが本来弱いという話に結びつく．

　次に高度な物流品質達成に汗をかいている日本の物流業はどうだろうか．荷主の自動車会社の JIT や厳しいカスタマイズした要求に対応すべく体質強化をし，海外に一緒に進出した物流企業はたしかに大変強い．しかしながら，現在，世界の市場で競争が激化しているアジアの顧客や荷主に対して物流品質の高さでその強みを発揮できるだろうか．これに現地企業も含めて欧州系の物流企業は，サービスをシステム化，パッケージ化して既に市場をリードしている．そこでは，4PL(Fourth Party Logistics)，LLP(Lead Logistics Provider)と呼

ばれるただ運ぶだけでなく，場合によっては荷主企業全体の在庫管理などの物流関連業務全体を受託するような戦略，マネジメント，提案力が求められる．このような競争では，個々の物流のオペレーションの品質は評価の一つに過ぎず，さらに一律に高い物流品質が求められているわけでもない．

6.4 良性ガラパゴスをシステム化して世界に売り出そう

正確さ，清潔さ，新鮮さ，そして安全，これらは人類が共通して望む属性である．これが適正な価格で提供されれば，異なる生産文化をもつ海外でも受け入れられるはずである．問題は日本において当たり前化していることと，場合によっては属人的なノウハウでそれが提供されているということである．特にサービスにおいては，現地の従業員ができるような標準化や，システム化がなされていない限り意味をなさない．

既に成功例もある．まずはよく知られている便利で清潔なコンビニである．最大手のセブンイレブンの店舗数は世界で53,500店（国内は16,600店）も既に展開されている．無論セブンイレブンは米国からきたものであるが，2005年セブンイレブン・ジャパンが本家米国セブンイレブンを完全子会社して急速に発展している．米国発ということだけあってビジネスの基礎は徹底的に標準化，システム化されている．そのうえで日本的な正確さ，清潔さ，新鮮さが加味され加速したものである．最近では顧客価値を徹底した「価値共創」という発想にもとづくサプライヤーと共同で開発したセブンプレミアムなどのPB（プライベートブランド）の売上を急速に伸ばしている．

システム化という点では，店舗に関しては配送の効率を追求しある地域に集中的に立地するドミナント戦略，商品の管理については今や英語にもなっている単品管理と呼ばれるs.k.u.(stock keeping unit)個々の品目ごとに，どれだけ売れるかの仮説，それにもとづく発注，そしてPOSデータによる検証というPDCAが回されるシステム化がなされている．また，チルド，米飯，常温，フローズンという温度帯ごとに配送頻度が決められ，配送車には無線機能をもつ車載端末を搭載し，店舗に着き後部ドアを開けた時点で到着を知らされるという具合にITがフル活用されている(碓井他，2013)．

図6.2 セブンイレブン北京と人気商品のおでん

　このようなシステム化がきちんとなされているからこそ，そこで働く人が違ってもシステムとして同等なサービスを提供できるし，現地での適正価格を実現できるのである．図6.2はセブンイレブン北京の例で，そこでは"おでん"が行列ができるほどの人気商品になっているという．味付けは中国流に少しカスタマイズされている．食べ物における生産文化の例でもある．このように，もともと属人的なノウハウに頼る日本文化がシステム化と出会うと改善のPDCAが加わり，さらに高度なシステムに進化して，本来顧客指向の文化も良い方向に進むという好例であろう．

　もう一つの例が宅配便である．前述のBtoBの物流と異なり，BtoCのビジネスであり，時間に敏感な日本の消費者ニーズに応えたクロネコヤマトで知られるヤマト運輸から始まる新しい事業である．当初から，ITを駆使した荷物のトラッキングシステムを導入し，どこに，何が，どのような状態にあるかがわかり，問合せにも即答できる．このようなシステム化により，中国，シンガポール，香港，マレーシアでも宅配便事業を展開している．このような日本発の精緻なビジネスモデルは，海外でも潜在需要は著しく高いと考えられ，顧客ターゲットを明確にし，その規模と地理的な広さがジャスティファイされれば今後の発展がさらに期待できよう．

6.4 良性ガラパゴスをシステム化して世界に売り出そう

清潔さという意味では，海外のTPM(トータル・プロダクティブ・メンテナンス)の審査で，日本は工場だけでなく国全体で5S(整理，整頓，清掃，清潔，躾)ができている，という賞賛の声を聞いたことを覚えている．今，全世界の工場で，5Sは日本語でもそのまま通用することが多く，英語，ドイツ語でも対応する5つのSに置き換えた言葉が用いられている．5Sそのものをシステム化して輸出することはできないが，製品であれば，そのまま輸出することができる．その代表例がトイレである．

日本では，トイレ文化というものがあり，トイレは一般民家において世界に先んじて発達していた．19世紀まで世界の都市では，例えば北京では大小便が街路に流されていたのに対して，日本では農村が都市から下肥を買っていた．しかも大便，小便の場所が分かれていた．これは混合すると肥料として薄くなるためと思われる(司馬，1994)．そして，海外では高級ホテルにもない温水洗浄便座は，現在，日本では家庭にまで普及している．

これを引っ張るのがTOTO，LIXILであり，海外でも主に中国や東南アジアのトイレ未開拓地域で他国では真似できない清潔さと高性能で売上を伸ばしている．ところが，両社とも苦戦しているのは欧州などへの売り込みであり，欧州では水質の問題で温水洗浄便座が使えなかったり，英国ではユニットバスの問題で感電防止のためバスルームでコンセントが使用できない法律があったりして伸びていない．あるいは5.3節のシャンプーのところで述べたシャワー文化にもとづく顧客価値が異なるのかも知れない．いずれにしても，地域特性や顧客価値文化を踏まえた市場開拓といった前述の生産文化の視点が，サービスの場合のシステム化に加えて不可欠な視点であろう．

最後に，"新鮮さ"という面の代表例がヘルシーさを加えた"寿司"である．こちらのほうは既に世界的なブームになっている．世界には，25,000以上の日本食店があり，その質には大きなばらつきがあるものの寿司が供されている．これをさらに増やし新鮮な多種の素材で日本同様の味を楽しめるようにするにはどうすればよいか．一つは調理技術である．残念ながら日本人の寿司職人は稀で，ほとんどは日本人以外の調理人によるものといわれている．もう一つは新鮮な素材を入手するためのインフラ，鮮度を保つ冷凍技術を含む物流のシステム化である．

前節でもふれたように，新鮮で豊富な魚介類の刺身が，スーパーで買えるのは今でも日本だけである．しかしながら，日本の新鮮素材を毎日楽しめる物流を支えているのは，漁港から店舗まで，二重，三重の仲買人や卸が介在し，そこでの隠れたノウハウに支えられたものであり，とてもシステム化されているとは言い難い．新鮮さを求める日本人に培われ優れた冷凍技術を保有している．それらの技術は要素としては海外に広く進出している．新鮮さを安定的に供給できるシステム化をすれば，それ自身で海外に広く輸出できるのではなかろうか．そのうえに寿司の調理技術が加われば，日本食ブームはブームでなく，着実に広がり定着していくのではなかろうか．

6.5　情緒的ワクワク感の創造と日本的感性

前節では，ガラパゴス化を売りにするための対応を考えてきたが，一方で日本的感性そのものが**第5章**で述べた第三の戦略から創造される情緒的ワクワク感を生み出す源泉をもっているのではなかろうか．

まずはかわいい文化である．その代表例が「ハローキティ」であろう．世界100カ国以上でサービスが提供され，かわいいという情緒的価値は文化を越えて受け入れられている．また中国で反日デモが頻発し日本を代表するブランドが被害を受けた際にも，サンリオの店舗では何事もなかったという．そして最近では，日本の"カワイイ"文化の世界的アイコンと目される人物でもある「きゃりーぱみゅぱみゅ」である．世界公演では圧倒的な注目を集め，ロンドン公演はチケットが発売から数秒で完売したという．青文字系と呼ばれる個性的で同性受けするファッションがその特徴である．

次にクールジャパンを代表するのがアニメや漫画，そしてゲームなどのコンテンツである．例えば，コミック『ドラえもん』のアニメ放映は世界中に行き渡り，出版も15の国・地域で行われている．全世界で累計2億部以上の売上を突破した忍者物語である『NARUTO-ナルト-』は，フランスでは仏語圏のマンガ，BD（バンド・デシネ）（ただし，左から右へのページ構成）を越えて1,700万部も売り上げるなど，海外でも圧倒的な人気を誇る．

図 6.3 は，オーストリアのリンツ市内の書店で最近買い求めた『NARUTO』

図 6.3　オーストリアのリンツ市内の書店での Mangas コーナー（2014 年 11 月）

と，そこでの Mangas コーナーの様子である．特に人気のある『NARUTO』と『CONAN』については，写真の Mangas コーナーのすぐ右横に，全巻を揃えた展示スタンドがそれぞれ特設されていた．無論，今や装丁も日本の漫画とまったく同じであり，右から左へのページ構成となっている．このようなアニメや漫画は，海外の漫画に比べて，漫画自体の質の高さに加えてそのストーリー性や創造力溢れるキャラクターの描写，そしてそこに流れる日本的な正義や道徳観も世界で広く受け入れられている．

特に劇画に見られる描写の情緒的価値は，加藤(2004)によれば日本文化の世俗化にあると考えられる．すなわち「仕上げ」の美学に通じる実用的な技術主義，週刊誌的な享楽主義，琳派由来の美的装飾主義（日本料理の盛り付けにも通じる）がその背景にある．同時にそのストーリー性の展開については，12,13 世紀にさかんにつくられた絵巻物にそのルーツを辿れる．巻物は開けてみなければどんな絵が出てくるかわからない．現在から予測を超えて次々と出現・展開する面白さである．後述するが，歴史的に日本文化の特徴である現実主義がその背景にある．

情緒的な心の動きを大切にするというのは，「もののあわれ」を感じるというようなイマジネーション力があり，これは「おもてなし」という顧客の感情を想いやる心情を伝統的に有していることにつながる．「プロが選ぶ日本の旅

館ホテル・100 選」で，30 年以上連続で総合第 1 位を守り続けているのが加賀屋である．仲居さん総出による出迎えシーンは有名であり，細やかな心配りで知られる加賀屋のおもてなしの心は，いつもお客様の満足を第一に考え動いた故先代の女将の信条から生まれたという．今では海外からの宿泊客も多く，台湾にも進出している．ここで始まり恒例となった女将によるお部屋回りの挨拶はその是非は別として，要はおもてなしの本質は，"お客様第一"ということであり，その本質は顧客の"コト"を想いやる心情にあるのであろう．

　このような情緒的心情の原点は，欧米の絶対主義的な価値と異なり，八百万（やおよろず）の神の文化で山河大地，"もの"にも神が宿るという日本的生命観，ソフトアニミズム（自由な心の動き，空っぽの器に魂を入れる）（呉，2012）にあろう．「もったいない」という言葉も，単なる倹約精神ではなく，「ものそのものが本来もっている価値を尊重する」という意味であるという．劇画的なものを生み出す一方で，逆に，すべて余分なものを切り捨てたような「わび」や「さび」といった心情も尊ばれる．

　わび（侘び）とは本来粗末な様子であり，茶道では「正直に謹しみおごらぬ様」と定義され，それが美意識として定着したものである．岡倉天心はこのわびに"imperfect"という訳を与えている．この「不完全さ」という観点は，第 7 章で述べる「相対劣位の感覚」として日本文化の中核をなすメンタリティの一つである．一方，さび（寂）は，俳諧での寂とは，特に，古いもの，老人などに共通する特徴のことで，古いものの内側からにじみ出てくるような美しさのことであるという．自然そのものの作用を受け入れる「もったいない」にも通じる心情であり，海外で活躍するファッションデザイナーも，この日本文化の情緒的価値の感性を切り口にして成功している例が多い．

　なお，おもてなしや顧客の心情を考える心配りは，江戸時代の近江商人の三方よし「売り手よし，買い手よし，世間よし」につながる．売り手の都合だけで商いをするのではなく，買い手が心の底から満足し，さらに商いを通じて地域社会の発展や福利の増進に貢献しなければならない，というものである．これは今になって初めて，ポーター（2011）が提唱した「共通価値の創出（Creating Shared Value：CSV）」という概念を，250 年以上前に実践していたことを示している．また，これは最近はやりの企業の社会的責任（Corporate Social

Responsibility：CSR)にもつながるが，ドラッカー(1974)も『マネジメント』の序文で，「経営の『社会的責任』について歴史上渋沢栄一の右に出るものはない」と述べている.

このように情緒的価値を生む感性や，顧客や社会に思いを馳せる独特の感性を，日本人は有している．これは"ものコトづくり"の戦略を考える際，他国に比べての優位性にもつながる一方，ガラパゴス化の罠に陥りやすく，意識してこの良い方向をとる必要がある．そしてこのような感性はシステム化，標準化と対局のように見られるが，セブンイレブンの事例に見られるように，実際にビジネスとして海外に展開する際には，マーケットセグメンテーションとサービス提供のインフラ部分のシステム化や標準化が不可欠である．さもないと足元から崩れてしまう．

6.6 顧客価値創造のブランド戦略

最後に5つ目の戦略である．第2章，第3章，第4章の分析からわかったように，CSや再購買意図は企業イメージに大きな影響を受け，実際の製品・サービスを経験した結果としてのむしろ知覚品質や知覚価値よりも大きい．加えて，**第4章の実際のブランドデータと合わせることによって，BtoCの場面では，ブランドイメージのなかのアウトスタンディング指標，そしてなかでも「ステータスかっこいい」よりも「魅力個性」的イメージこそCSや再購買意図に大きなプラスの影響を与える**ことを示した．同時に，ブランドの知名度や認知率あるいは興味率は，下手をすると逆にマイナスに作用することも示唆した．

図6.4は，顧客価値としてのCSを，実用的価値と情緒的価値から決まる知覚品質において情緒的価値のほうがウェイトが高いこと，さらにそれにこれも情緒的な魅力個性的(企業・ブランド)イメージが顧客価値をさらに高めるという，これまでの分析結果を図式で示したものである．そしてむしろブランドイメージで加速される割合が，それを除いた商品価値，すなわち知覚品質部分よりも大きいということである．

前述したように，ブランディングとは，「競合商品に対して自社商品に優位性を与えるような，長期的な商品イメージの創造活動」をいうが，これよりブ

図6.4 ブランドイメージの顧客価値への後光効果

ランディングとして重要なことは，魅力個性的なアウトスタンディング指標のイメージ強化に焦点を当てるべきという示唆が得られる．この個性的という感覚は，ブランドものと呼ばれるようステータスではなく，通常のものとは異なる"情緒的"経験をもたらすというようなものではなかろうか．

そのためには，他社とは異なるというイメージとともに，CSR(Corporate Social Responsibility)活動を介したユニークな企業理念や開発秘話などをうまく活用もするとよいと思われる．アップルが商品に直結したブランドイメージをもつのに対して，アップルと同様に常にグローバルなブランドイメージの順位が上位に位置する3Mは，マックナイトの手紙として知られる「自主性と失敗の許容」や，与えられたテーマ以外に労働時間の15%を好きな研究に費やすことが許される「15%ルール」が有名で，かつ3Mという企業の個性的な魅力を感じさせる．

逆に広告などで大衆的な興味を煽るだけだと，第4章の分析でも検出されたようにCSや再購買意図を下げることになりかねない．同時に図4.8で示したように，高いCSはブランド力強化につながる．アウトスタンディングイメージがCSを高め，それがさらにブランド力強化につながるという好循環メカニズムをうまく活用することが鍵となろう．

一方，再購買意図向上にもブランドイメージが直接作用する．その際には魅力個性的なアウトスタンディング指標に加えて，品質が良い，役に立つといった実用的イメージであるコンビニエントやイノベーティブもプラスに作用する．すなわち，品質差の見える化や，実用的な顧客価値を訴求したマーケティング戦略が求められよう．これらのイメージは一時的には直接的にはCSを高めな

くても，知覚品質や知覚価値を介して CS を高め，それがブランド力やそのなかのアウトスタンディング指標の強化につながり，やはりそれが CS を高め，それがまたブランド力を高めるといった好循環が期待できる．

なお，これまでは消費者を想定した BtoC のブランドイメージについて分析してきたが，ビジネスパーソンを対象とした BtoB のブランドイメージの順位とは大きく異なる．表 6.1 は，第 4 章で取り上げたブランドジャパンの 2012 年と 2014 年の BtoC に加えて，BtoB の上位 20 社のブランドを示したものである．当然のことながら，上位の顔ぶれは BtoC と BtoB ではかなり異なる．

BtoC が消費者の立場からの回答であるのに対して，BtoB のブランドイメー

表 6.1 BtoC，BtoB それぞれの 2012 年，2014 年のブランド力上位 20 社（日経 BP コンサルティング，2012；2014）

順位	BtoC 総合力		BtoC アウトスタンディング		BtoB 総合力	
	2012	2014	2012	2014	2012	2014
1	アップル	ディズニー	アップル	ディズニー	トヨタ	トヨタ
2	グーグル	ソニー	ディズニー	スタジオジブリ	アップル	オリエンタルランド
3	ユニクロ	スタジオジブリ	オリエンタルランド	アップル	パナソニック	アップル
4	ユーチューブ	アマゾン	スタジオジブリ	ソニー	ホンダ	NTT ドコモ
5	ディズニー	ユニクロ	ダイソン	ハーゲンダッツ	ソニー	サントリー
6	マクドナルド	アップル	iPad	BMW	オリエンタルランド	ソフトバンク
7	パナソニック	ユーチューブ	iPod	ベンツ	グーグル	東芝
8	日清食品	楽天市場	ポルシェ	フェラーリ	日産	TOTO
9	ダイソー	ヒートテック	フェラーリ	ダイソン	ソフトバンク	日立
10	楽天市場	キリンビール	ハーゲンダッツ	ルイ・ヴィトン	任天堂	キヤノン
11	サントリー	セブンイレブン	iPhone	ガリガリ君	ヤマト運輸	ヤフー
12	スタジオジブリ	コカコーラ	グーグル	GODIVA	マクドナルド	ANA
13	Windows	イオン	モスバーガー	オリエンタルランド	サントリー	キリンビール
14	カップヌードル	ガリガリ君	ソニー	アマゾン	アサヒビール	セブンイレブン
15	iPad	ハーゲンダッツ	東急ハンズ	iPhone	ジャパネット	ホンダ
16	オリエンタルランド	カルビー	スターバックス	ポルシェ	ソフトバンク	ソニー
17	コカコーラ	日清食品	バーバリー	ユーチューブ	日清食品	味の素
18	iPod	セブン&アイ	マッキントッシュ	コカコーラ	キリンビール	セブン&アイ
19	カルビー	マクドナルド	BMW	PUMA	マイクロソフト	コカコーラ
20	ソニー	ニトリ	ホンダ	swatch	キヤノン	アマゾン

ジは有識者に対してビジネスパーソンの立場からの回答を求めるものになっている（対象ブランドは 500）．回答項目も大きく異なり，それぞれいくつかの項目からなる先見力，人材力，信用力，親和力，活力の 5 つの因子に関するものである．参考までに第 4 章での BtoC のブランドイメージに対応して，BtoB についても CS 関連指標（CS，知覚品質，知覚価値，企業イメージなど）と BtoB ブランドイメージの総合力および 5 つの因子との関係を分析した．

　2011 年度のデータで対象となるのは 8 業種 60 社で，その結果，CS と総合力では BtoC の場合とほぼ同じで，相関係数は 0.134（0.306）で（括弧内は p 値，以下同様），有意な相関をもつのは活力の 0.275（0.033）であった．表 4.3 に示す BtoC のアウトスタンディングを活力と読み替えればほぼ同じ傾向を示す．CS 関連指標のなかで一番強い相関をもつのは企業イメージで，総合力 0.399（0.002），先見力 0.471（0.000），人材力 0.372（0.000），信用力 0.241（0.064），活力 0.411（0.001），また再購買意図では活力が 0.213（0.103）で有意とはならなかったが，表 4.4 と同様に業種ダミーを入れた回帰では活力は高度の有意性を示した．また認知度はいずれの CS 関連指標ともほぼ相関が 0 というのは BtoC の場合と同じである

　以上から最も影響を与えるのが活力と先見力である．その中身は活力が，「チャレンジ精神がある」，「エネルギッシュである」，「人まねが嫌いである」，「自由闊達である」，また先見力は，「ビジョンがある」，「この企業から学びたい」，「成功している」，「時代をきりひらいている」，「経営者に魅力がある」からなる．BtoC の結果ではアウトスタンディング，そのなかの魅力個性的というイメージが CS や再購買意図に強い影響を与えたが，6 つの因子のうち魅力，個性に関係するのは，個性では活力，魅力は先見力と最も対応していると思われ，魅力個性的イメージが CS に良い影響をもたらすというのは，ここでも支持されることになる．

　なお，品質に関連するイメージは，「信頼できる」，「品質・技術が優れている」，「環境に配慮している」，「伝統がある」の項目からなる信用力である．これについては，知覚品質と相関係数 0.275（0.033）で，企業イメージとともにそれぞれ信用力がプラスに作用することがわかる．図 1.8 に示した狩野モデルと 3 つの設計との対応でいえば，魅力個性的に関係する活力や先見力が魅力的品質あ

るいは Delight 設計に関係するのに対して，信用力は一元的品質あるいは Better 設計に関与するものと考えられる．ちなみに「品質・技術が優れている」の 2014 年の第 1 位はブリヂストン（2012 年は 2 位）で，2012 年の第 1 位はニコン（2014 年は 3 位）であり，上位の顔ぶれは比較的安定している．

6.7 ブランド力は表の品質力

海外での日本企業のブランドイメージはどうであろうか．図 6.5 は，サンプ

アジア 6 カ国の主要製品・サービス別「買いたいブランド」ランキング

自動車	1. 独 BMW	2. 独メルセデスベンツ	3. トヨタ
スマホ・携帯	1. 米アップル	2. 韓国サムスン	3. ソニー
テレビ	1. ソニー	2. 韓国サムスン	3. 韓国 LG
デジカメ	1. キヤノン	2. ニコン	3. ソニー
小売	1. 米ウォルマート	2. セブンイレブン	3. 独メトロ
インターネットサービス	1. 米グーグル	2. 米フェイスブック	3. 米ヤフー
化粧品	1. 仏シャネル	2. 仏ディオール	3. 米エイボン
タブレット・PC	1. 米アップル	2. 韓国サムスン	3. ソニー
ヘアケア	1. 米ヘッド＆ショルダーズ	2. 仏ロレアル	3. 米パンテーン
アパレル	1. 香港エスプリ	2. 香港ジョルダーノ	3. スペイン ZARA
スポーツ用品	1. 米ナイキ	2. 独アディダス	3. 米リーボック
洗濯機・冷蔵庫	1. 韓国サムスン	2. パナソニック	3. 韓国 LG

注) 中国・インド・タイ・インドネシア・フィリピン・ベトナム計 600 人のインターネット調査（『日本経済新聞』，2013 年 9 月 6 日朝刊より）．

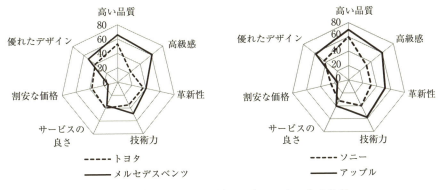

図 6.5 ブランドイメージの日本メーカーとの比較

ル数は多くないが『日本経済新聞』(2013年9月6日朝刊)からアジア6カ国の消費者に買いたいブランドと，その下には自動車におけるトヨタとメルセデスベンツ，タブレット・PCにおけるアップルとソニーのブランドイメージを比較したものである．

このデータそのものは実際に使用した経験にもとづくものではなく，イメージを聞いたもので一種の期待であり，そのなかでも「こうだろう」という予測期待であるが，「買いたいブランド」という意味ではまさに表の品質力である．デジカメを除き欧米ならびに韓国メーカーに比べて苦戦を強いられている．ここで留意しなければならないのは，順位の差は著しく大きいということである．それは表下のレーダーチャートを見ていただきたい．自動車の場合は2位と3位，タブレット・PCの例は1位と3位の比較である．

少し贔屓目の見方かもしれないが，下のレーダーチャートで「高い品質」や「技術力」についても，例えば自動車でベンツやトヨタよりはるかに優れているとの回答は，まさにブランドイメージのハローあるいは後光効果と言わざるを得ない．それゆえ，現在，そしてこれから攻める新興国や途上国の市場に向けてのブランディングの重要性を示す材料ではないだろうか．

ちょうど本稿執筆中に，この調査の2014年版の記事が掲載されていた(『日本経済新聞』，2014年11月5日朝刊)．その大きな見出しには「日本「憧れ」演出で遅れ」とある．まさにそのとおりと思われる．そのキャッチアップのためには，図6.4のフレームワークで示したように商品そのものの情緒的価値を高める設計・デザインとともに，ブランド力の強化も併せて求められる．

6.8 グローバル市場におけるCOO効果とその戦略

世界の政治状況は刻々と変化している．そして海外の国に対する国民感情も過去の歴史的な経緯からくるさまざまな相性がある．そのとき問題になるのが，そのブランドがどこの国のものかというCOO(Country of Origin)である．その効果自体を意識する必要があり，加えてCOOについては，正しい認知もあれば，誤った認知をしている場合もあり，これをコントロールすることも戦略の一部である．

表6.2 「サムスンは日本製?」サムスン携帯使用者のCOO認知(括弧内は%)

	日本	米国	エクアドル	ボリビア	スリランカ	計
韓国	25(78.1)	35(29.7)	19(30.1)	34(17.6)	27(36.0)	140
日本	4(12.5)	39(33.0)	17(27.0)	55(28.5)	11(14.7)	126
中国	1(0.3)	13(11.0)	7(11.1)	37(19.2)	13(17.3)	71
米国	0	16(13.6)	7(11.1)	23(11.9)	5(6.7)	51
その他	0	1(0.8)	7(11.1)	7(3.6)	6(8.0)	21
無回答	2(6.3)	14(11.9)	6(9.5)	37(19.2)	13(17.3)	72
使用者数	32	118	63	193	75	481
全サンプル	384	481	384	678	425	2352

まず,スマホや半導体産業で日本企業を圧倒的に凌駕しているサムスンの各国のCOOについて見てみよう.表6.2は,2013年から2014年にかけて筆者の研究室で調査した日本,米国,エクアドル,ボリビア,スリランカにおける携帯電話のCS関連調査のうち,サムスンの使用者が認知しているCOOを掲げたものである.列が調査国で,行がどの国がサムスンのCOOかを示している.

この表からわかるように,日本を除いてサムスンのCOOは韓国ではなく日本と思っている人も多く,米国やボリビアでは韓国よりも日本と思っている人のほうがむしろ多い.当然,COOと思っている国のイメージが良ければ,知覚品質やCSにプラスに作用し,逆に悪ければマイナスに作用する.急成長期のサムスンのブランド戦略は有名で,あえて韓国製ということを言わないで集中的に広告を打つことで,サブリミナル効果のように日本製(意識的に実行されたかどうかわからないが)と思い込ませるような戦略がとられた(特に米国で).

逆に言えば,1990年頃に頂点を極めた日本の"高品質・高信頼性"のイメージは,少しは衰えたとはいえ今なお健在であり,COOの後光効果を享受できる位置にあるということである.しかしながら,**第4章**そして**6.7節**で示したように,ブランドイメージで一番重要なのは,魅力個性的といった情緒的なイメージである.無論,前節で述べたような信用力も重要であり,その面の優位性は日本企業あるいはCOOが日本というアドバンテージはもっている.しかし,このような後押しがあるなか,それだけでは勝てないというのが,**第5章**,

第 6 章で述べてきたブランディングを含めた顧客価値戦略である．

　最後に COO の立場からは，Ethnocentrism（自民族中心主義），Patriotism（愛国主義）の人々や国によっては，自国のブランドを愛し海外のブランドを排斥する傾向もある．特に政治的問題も絡んで 2012 年に中国で起こった日本製品排除・バッシングのような問題を避けるためには，国によってはブランドを無国籍化することも一つの方策であろう．

参 考 文 献

Hopp, W. J. and M. L. Spearman (2008)：*Factory Physics, third ed.*, McGraw-Hill.
ウォマック，J. P., D. T. ジョーンズ，D. ルース (1990)：『リーン生産方式が，世界の自動車産業をこう変える』，沢田博 訳，経済界．
碓井誠 他 (2013)：「特集 セブンイレブンの物流」，『月刊ロジスティクス・ビジネス』，Vol. 13, No. 3, pp. 16-37.
圓川隆夫 (2009a)：『オペレーションズ・マネジメントの基礎』，朝倉書店．
圓川隆夫 (2009b)：『我が国文化と品質』，日本規格協会．
加藤周一 (2004)：「日本社会・文化の基本的特徴」，『日本文化のかくれた形』（岩波現代文庫）所収，岩波書店．
呉善花 (2012)：『なぜ世界の人々は「日本の心」に惹かれるのか』，PHP 研究所．
司馬遼太郎 (1994)：『この国のかたち 二』（文春文庫），文藝春秋．
ドラッカー，P. F. (1974)：『マネジメント』，上田惇生 訳，ダイヤモンド社．
日経 BP コンサルティング (2012)：『ブランドジャパン 2012, データブック，解説書』．
日経 BP コンサルティング (2014)：『ブランドジャパン 2014, データブック，解説書』．
ポーター，M. E. (2011)：「経済的価値と社会的価値を同時実現する共通価値の戦略」，『DIAMOND ハーバードビジネス』，2011 年 6 月号．

第7章
日本文化と品質・ものづくりのマネジメント，そしてこれから

　本書の最後として，品質に関するこれまでの日本の特に裏の品質力の強み，そして近年陥ったガラパゴス化の源泉を，世界のなかでの日本文化の位置づけと日本における文化論を探索することで突き止める．そのことでグローバルサプライチェーンやバリューチェーンネットワークでの競争に突入する時代に，再び日本の品質が輝くために，どのような日本の文化特性に立脚した発想や人材育成が必要かについて述べたい．

7.1　世界のなかの日本文化の特徴

　日本文化の特徴とは何だろうか．欧米から見た日本文化については，儒教文化として中国や韓国と同じカテゴリーに組み入れられることがある．世界の多くの研究者が参加したGLOBE(Global Leadership and Organizational Behavior Effectiveness)と呼ばれる文化研究プロジェクト(House 他，2004)では，これまでにも引用してきたホフステードの研究を継承しながらも，世界を10のクラスターに分け，日本をConfucian Asia(儒教アジア)として，中国，台湾，韓国，シンガポールと同じクラスターに分類している．
　しかしながら，これは間違いなく欧米世界での思い込みで誤りであろう．後述するように，日本の文化論について多くの識者が特に儒教の影響についてそうではないことを示している．例えば司馬(1998)では，儒教について日本は「子曰く」だけ受け入れて，悪しきものは受け入れなかった．儒教体制から工

業は興らない.なぜなら儒教は,長幼の序,親類の範囲,つきあい方,結婚,葬儀の出し方まで,体制・生活秩序を規定し競争原理がない.これは官僚の腐敗を招き,官僚の腐敗があるところにインダストリーは興らない,と述べている.

　表面的な思い込みではなく,世界のなかの文化を客観的にデータで示したのが,今でも多くの研究者から引用されているホフステード(1995)あるいはその改訂版 Hofstede 他(2005)の文化次元とそれにもとづく各国スコアである.1970年代に世界50カ国以上のIBMの社員に対して行ったアンケート調査にもとづくものであり,4つの次元(部分的にもう一つの次元がある)と国によるそれらのスコアを与えている.その後多くの研究者により,異なる職種を対象とした追加調査によりその内容,および次元に対する各国のスコアの妥当性が検証されている.

　加えて,ホフステード(1995)の著名な書『多文化世界』のなかでは,国の文化と経営について次のような興味深い見解が述べられている.

① いくらグローバル化が進展し,インターネットなどの新技術が出現しても,国の文化はなかなか収斂するものではない.

② 企業経営に関する多くの理論や手法は,それが考案された国の文化の下で有効であっても,異なる文化特性をもつ国では有効ではあり得ないことが多い.

③ したがって,超優良企業への途は,決して一つではない.

ともすれば米国生まれの経営理論や米国流の経営手法をグローバルスタンダードとするような風潮がある.もし前述のホフステードの見解が正しいとすれば,これに対する痛烈な批判でもある.なお,米国生まれの経営理論,テーラーシステム,マクレガーのX理論・Y理論,ハーズバーグの動機付け理論,マズローの欲求の5段階説,そして目標管理や成果主義と日本文化の相性については,圓川(2009)に詳しく述べてあるので参照されたい.

　さて,ホフステードの文化の4次元とは,次のようなものからなる.

① **権力格差**(PDI：power distance)：部下の上司への依存の度合いであり,依存が大きいほど権力格差が大きいことを意味する.

② **個人主義**(IDV：individualism)と**集団主義**(collectivism)：個人と個

人の結びつきの程度であり，個人主義ではゆるやか，集団主義ではメンバー同士の結びつきが強い．

③ **男らしさ**（MAS：masculinity）**対女らしさ**（femininity）：社会全体が男らしいとか，女らしいという意味ではなく，男らしいとは社会生活や職種において男女の性別役割が明確に分かれていること，女らしいとは男女の役割文化が重なり合っていることを意味する．

④ **不確実性回避**（UAI：uncertainty avoidance）：あいまいさに対してどれだけ寛容か，逆に脅威，不安を感じる程度であり，本書において最も重要な次元である．

なお，ホステードは追加的な調査で，西洋的なバイアスを取り除く第五の次元として「長期志向」対「短期志向」という儒教的ダイナミズムを挙げているが，調査は一部の国しかカバーしておらず，また内容が表面的であるためここでは省略する．

それでは，日本文化の特徴は4つの次元でどのように表現されるであろうか．各次元のスコアは，「権力格差」が54（以下，PDI），「個人主義」が46（以下，IDV）と中位で，そして「男らしさ」が95（以下，MAS），「不確実性回避」が92（以下，UAI）と著しく高い，という社会であるとまとめることができる．

図7.1は，調査国のなかの日本およびアングロサクソンの米国や英国，西欧

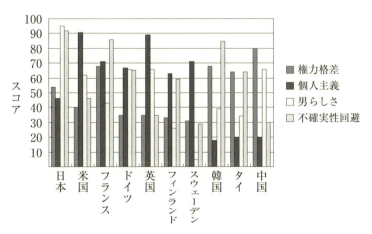

図7.1　ホフステードの4次元の文化スコアの各国の比較

(ラテン・ゲルマン)のフランス，ドイツ，北欧のスウェーデンやフィンランド，そして東アジアの韓国，タイ，中国の 10 カ国について，4 つの次元のスコアを抜粋し，比較したものである．この図からわかるように，日本文化のパターンは，アングロサクソンや北欧の諸国とも異なる．特に近隣の中国や韓国，タイといった東アジアとも大きく異なることに驚く．

例えば，IDV と PDI，UAI とは負の相関というように，これらの 4 次元の文化スコアには互いに強い相関があることが知られている．そこでこれらの国による文化のパターンの違いを視覚化するために，4 次元の文化スコアを主成分分析し，得られた 2 成分の国別スコアを示したものが**図 7.2** である．4 つの次元の重み係数から，図中に示すように 4 つの次元の横軸は，左が IDV で，右下へ向けて高 PDI，右上に向けて高 UAI を，縦軸は上ほど高 MAS となる傾向を示すものと解釈される．

日本文化の特徴は，高不確実性回避，男らしさが非常に強いと表現される．個人主義あるいは集団主義，権力格差は中位であり，右下に位置する中国，タイ，韓国とも異なる．また集団主義の内容についても，中国や韓国のような儒教的な血縁や家族的な集団主義ではなく，後述するように"公的"な概念にもとづく所属組織や地域単位のインスティテューショナル集団主義という意味で

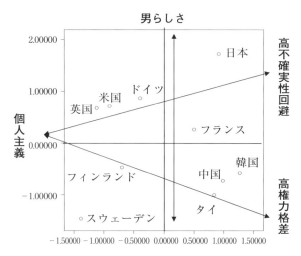

図 7.2　10 カ国に文化パターンの類似性，違いの視覚化

異なる．

　一方，図 7.2 において日本に一番近いのはフランスそしてドイツである．少なくともホフステードの文化スコアからはそれがいえる．例えば，梅棹 (1974) によれば，日本とドイツやフランスの西ヨーロッパは，平行進化 (植民地を経験せず，何度か革命を経験しつつ国内の矛盾を克服し発展，さらに封建制から君主が土地を与え臣下はそれに見合う忠誠を尽くす) と呼ぶ同じタイプの歴史を経験している．また特にドイツ人も日本の東夷意識 (後述する) と同様に，ローマの外に住みゲルマン蛮族の文化的劣等感をもつという．

　フランスについても，祖先に対する崇拝が二代前かせいぜい三代前であること，また学校の教育制度が国家の統制を受けるところが日本に似ているという (ベネディクト，2005)．そして何より，**第 2 章の図 2.7** で示した CS の業種別大小のパターンが日本に酷似している．これは文化というよりも，インスティテューション，制度が似ているということを示しているのではなかろうか．加えて，日本のマンガの世界的流行とは独立に，「バンド・デシネ」と呼ばれる続きマンガが存在していることも似ている．

7.2 高不確実性回避性向が品質を磨いたのか

　少し話が逸れたが，世界次元で見たとき，日本文化の特徴は，MAS と UAI が著しく高いことが挙げられる．MAS のほうは現在，男女共同参画，女性の管理職増と官民を挙げての取組みがなされている．しかしながら，ホステードも述べているように，ビジネスや生活習慣に最も影響を与えるのは UAI，すなわち不確実性回避性向である．

　高 UAI の特徴として，次のような項目が挙げられる．

- 人生に絶えずつきまとう不確実性は，脅威であり，取り除かれなければならない．
- ストレスが高く，不安感が漂っている．
- 違うということは，危険である．
- 学生は構造化された学習の場を好み，正解にこだわる．
- 教師たるものは，何についても答えられると考えている．

- たとえ絶対に守られることがないとわかっていても，規則を求める気持ちがある．
- 時は金なり．
- 忙しくしていないと気がすまず，一所懸命働こうとする内面的な衝動がある．
- 精密さと規則正しさは自然に身につく．
- 規則正しさを阻害する"あいまいさ"を減らす方向に努力が向かう．
- 奇抜なアイデアや行動を抑制し，イノベーションに対する抵抗がある．ただし，受け入れられれば整然と進む．

後述するように不確実性回避の次元そのものが多元的であり，必ずしもすべて当てはまるとは思われないが，精密さや規則正しさは，正確さや清潔さに読み替えられる．そしてそれを阻害するあいまいさを，リスクや不良・故障・遅れと読み替えれば，品質に厳しい消費者，過度な正確さや清潔さを追求するガラパゴス化社会，そして5Sに始まり高品質・高信頼性を実現した改善努力に結びつけられないだろうか．

図7.3は，このような論旨にもとづく，工業化社会において高品質・高信頼

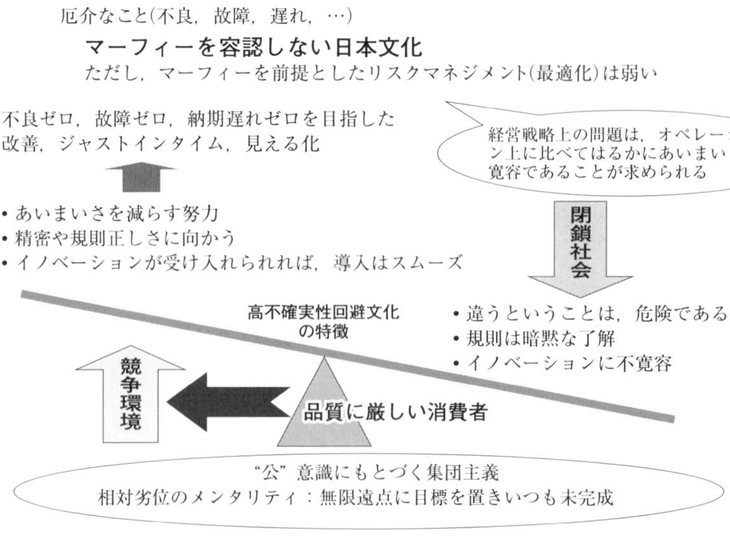

厄介なこと(不良，故障，遅れ，…)
マーフィーを容認しない日本文化
ただし，マーフィーを前提としたリスクマネジメント(最適化)は弱い

不良ゼロ，故障ゼロ，納期遅れゼロを目指した改善，ジャストインタイム，見える化

経営戦略上の問題は，オペレーション上に比べてはるかにあいまいさに寛容であることが求められる

閉鎖社会

- あいまいさを減らす努力
- 精密や規則正しさに向かう
- イノベーションが受け入れられれば，導入はスムーズ

高不確実性回避文化の特徴

- 違うということは，危険である
- 規則は暗黙の了解
- イノベーションに不寛容

競争環境 ← 品質に厳しい消費者

"公"意識にもとづく集団主義
相対劣位のメンタリティ：無限遠点に目標を置きいつも未完成

図7.3 工業化社会における高品質を実現した好循環メカニズム

性を実現したメカニズムを図示したものである．左上にあいまいさを嫌い，あいまいさを減らし，精密さや規則正しさに努力が向く，そして改善文化ともいうべきイノベーションが一度受け入れられると全社一丸で整然と進む，という高不確実性回避文化が，不良ゼロ，故障ゼロ，遅れゼロといった本来不可能な無限遠点の目標に向かっての改善や，JIT の取組みが成立したというものである．

しかしながら，これは無条件に成立する話ではなく，背後に品質に厳しい消費者がいてそれに応える形で，企業側の改善努力が後押しされた．さらに左下には競争環境という矢印があるが，規制に守られた産業ではなかなか難しい．不確実性回避をするための安易な手段として，外部から遮断し同質的な暗黙の了解の世界に安住すればよいからである．国全体でいえば，江戸時代の鎖国がいい例であろう(それでも後述する技術主義は当時も花開いた)．

なお，左側にある改善努力に向かう方向は，必ずしも戦後の高度成長時代に生起したものではなく，戦前の生産労働者や労働組合でも改善努力や改善提案があったとのことである(小池, 2012)．この点については次節でさらに考察する．

ところで，図 7.3 の上に「マーフィー」という言葉を掲げている．これは制約理論，ビジネス小説『ザ・ゴール』で著名なゴールドラットの言葉で(Goldratt, 1990)，厄介なこと，具体的にいえば工場のなかで起こる不良や故障，遅れなどを意味する．別の著作で，ゴールドラットは組織全体のスループット(貢献利益)を決める制約条件を意識しないで，やたら不良ゼロ，故障ゼロの改善の取組みに走る日本的な改善を批判している．別の言い方をすれば，マーフィーはリスクの一種であり，それをゼロにすることは不可能で，むしろそれがあることを前提とした最適化が重要であるというものである．

論理的にはこれは正しい．しかしながら，日本人は不可能な無限遠点に向かって改善努力ができるという，海外では到底真似のできない文化をもっていることのほうがより重要であり，残念ながら今はうまくできていないが，そのうえで最適化を図るアプローチを導入すればよいのである．しかしながら，ホフステードによれば，図 7.3 の上の吹き出しにあるように，改善努力はオペレーションズマネジメント上の実践であるのに対して，経営戦略上の問題は，あい

まいさ，リスクに関して寛容，言い換えればリスクがあることを前提とした意思決定が求められる．不確実性回避が高いとそこに弱点があるというものであり，これはゴールドラットの指摘と同じである．

もう一つ図7.3の下に「"公"意識にもとづく集団主義，相対劣位のメンタリティ…」と書かれている．それは，幾度かの講演で，高不確実性回避が改善の源泉ならば他にどのような国が高不確実性回避か，そこでも改善が起きているのか，という質問を受けたことによる．実は前述したフランスに近いギリシャ，ポルトガルといった国が日本よりも高いのだが，改善文化が存在するとは思えない．共通するのは多額の財政赤字を抱える国という点である．そこで付け加えたのが，次節で述べる武士道に由来するフレーズである．

加えて，日本の高不確実性回避には二面性がある．ものや時間といった身近なものに対する"あいまいさ"には不寛容であっても，宗教やイデオロギーに関しては極めて寛容である．リスクに関しても，工場内やもともと見やすいもののリスクには敏感で，"目で見る管理"が日本で生まれたように，なくそうとする努力が働くが，もともと見にくい広範囲にわたるサプライチェーン全体の見える化になると途端に無頓着になる．消費者にしても目先の商品の品質には厳しいけれども，この商品がどこでどのようにつくられたのかという発想は著しく乏しい，という話を聞いたことがある．

この二面性こそ日本文化の特徴であり，高不確実性回避だけでは説明できない部分も解明できるかも知れない．そこで次節では日本の識者の文化論を拠り所にして，今後の品質やマネジメントの方向性を探ることにする．

7.3　高不確実性回避だけでは説明できない日本文化の重層性と三大特徴

日本文化の特徴としてその重層性，二面性があると思われる．古から，仏教，儒教に始まり，多くの海外の文物を嗜好し好んで取り入れてきた．一方で生活様式や宗教的価値観は不変である．例えば，仏教にしても本来は個人を救済するために出家するものであり，お釈迦様一人が如来であったのが，鎌倉時代には念仏さえ唱えれば浄土に生まれ変わる阿弥陀如来となる他力本願なものに変

わってしまう．儒教についても前述したように同様である．儒教に染まっていないことは，儒教の「身を労することはいやしく，心を労することは君子」という教えに対して，日本は世界でも珍しい"重職主義"の文化をもつことでもわかる（司馬，1993b）．

　宗教に限らず，文物についていえば古来，輸入の目的は書物であった．このように多くのものを無抵抗に積極的に取り入れながら，一方でそれらを換骨奪胎して本質的な生活様式や価値観は不変という重層的特質を，丸山（2004）は「常に執拗低音（バッソ・オスティナート）が流れている」，林（1984）は「可塑融通性」あるいは「雑種型純粋性」，山本（1983）は「溶解消化酵素をもつ」，そして井沢（2007）によれば，芥川龍之介も『神神の微笑』のなかで「つくりかえる力」，遠藤周作も『沈黙』のなかで「日本人にはどろどろした沼地をもつ」ということで重層性に言及しているという．筆者を品質と文化との関係への関心に導いた司馬（2006）のいう「相対主義で技術主義の日本」の根源もこの辺りにあるのではなかろうか．

　図7.4は，参考文献に掲げてある著作を参考に，あくまで品質やマネジメントに関連しそうな日本文化の特徴を，文化論には素人の筆者になりに"つまみ食い的"にまとめたものである．真ん中に前述の重層性を配置，その周りに三大特徴を掲げた．三大特徴の中身は多くの著書から引用させていただいたが，その骨格は，競争的集団主義，現実主義・現世主義は加藤（2004），相対劣位のメンタリティは内田（2009）の言葉を採用させていただいた．以下，それぞれの内容を見てみよう．

(1)　インスティテューショナルで競争的集団主義

　司馬（1993a）によれば，日本は土俗ともいうべき公（コウ）意識があったという．若者衆，字，惣（儒教は地域を公としない，孝の思想にもとづく血族を神聖化），そして時代が下ると藩，最近では会社である．この公の単位こそ集団ではなかろうか．それがインスティテューショナルとした所以である．日本人はいつも大小の公を背負って緊張している．これがない中国人はいつもリラックスしている．

　大名たるもの領地において，一坪も所有せず，城も城主のものではなく天下，

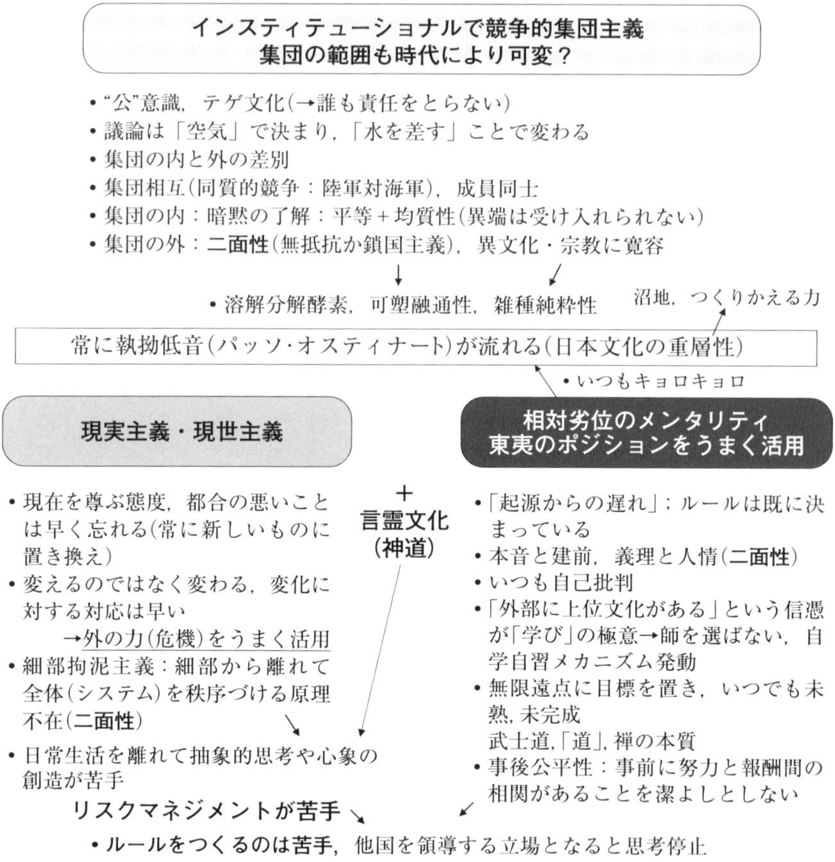

190　第7章　日本文化と品質・ものづくりのマネジメント，そしてこれから

```
┌─────────────────────────────────────┐
│   インスティテューショナルで競争的集団主義   │
│      集団の範囲も時代により可変？         │
└─────────────────────────────────────┘
```

- "公"意識，テゲ文化(→誰も責任をとらない)
- 議論は「空気」で決まり，「水を差す」ことで変わる
- 集団の内と外の差別
- 集団相互(同質的競争：陸軍対海軍)，成員同士
- 集団の内：暗黙の了解：平等＋均質性(異端は受け入れられない)
- 集団の外：二面性(無抵抗か鎖国主義)，異文化・宗教に寛容

　　　　　↓
　　　・溶解分解酵素，可塑融通性，雑種純粋性　　　沼地，つくりかえる力

　常に執拗低音(バッソ・オスティナート)が流れる(日本文化の重層性)
　　　　　　　　　　　　　　　　　　　　　・いつもキョロキョロ

```
┌──────────────┐         ┌──────────────────┐
│ 現実主義・現世主義 │         │ 相対劣位のメンタリティ  │
└──────────────┘         │ 東夷のポジションをうまく活用│
                         └──────────────────┘
```

- 現在を尊ぶ態度，都合の悪いことは早く忘れる(常に新しいものに置き換え)
- 変えるのではなく変わる，変化に対する対応は早い
  →外の力(危機)をうまく活用
- 細部拘泥主義：細部から離れて全体(システム)を秩序づける原理不在(二面性)
- 日常生活を離れて抽象的思考や心象の創造が苦手

　　　＋
　言霊文化
　　(神道)

- 「起源からの遅れ」；ルールは既に決まっている
- 本音と建前，義理と人情(二面性)
- いつも自己批判
- 「外部に上位文化がある」という信憑が「学び」の極意→師を選ばない，自学自習メカニズム発動
- 無限遠点に目標を置き，いつでも未熟，未完成
  武士道，「道」，禅の本質
- 事後公平性：事前に努力と報酬間の相関があることを潔よしとしない

　　　リスクマネジメントが苦手
　　・ルールをつくるのは苦手，他国を領導する立場となると思考停止

図7.4　日本文化の重層性と三大特徴

公のものであったという．今でも，日本のいい会社ほど，社長権を制約，会社は公，預かりものという意識が強い．加えて，集団の長はこまごまとした指示をせずあらましだけを言う．これはテゲと呼ばれる薩摩の文化に典型があるが，ムラ組織の長老と呼ばれるリーダーも同様で，陣の後ろにいて決して先頭には立たない．そしてあらゆる議論はリーダーからの指示でなく，最後は空気で決まる．したがって，誰も責任をとらない(とれない？)．

　この会社のおける"公"の意識が，**図7.3**の下に示してあるように，普遍的な高不確実性回避に加味されてこそ，全員参加の組織的改善を可能にする源泉ではなかろうか．また，世界に7,000社あるといわれる創業200年企業のうち

3,000社が日本企業というのも，会社を"公"とする意識があればこそではなかろうか．一方で，トップダウンの強烈なリーダーシップはなかなか受け入れられない．空気で決められたのではたまらない．しかしながら，現在はITを駆使して顧客やサプライチェーン全体の"見える化"が可能な時代である．後述するようにその点の遅れこそが問題であろう．

　さて，表題には「競争的集団主義」とあるが，この競争的というのはどういう意味であろうか．当然，公，集団のなかでは平等であるが，自由は少なく異端に厳しい．それでも集団のなかでの競争は激しい．そして目標指向型の集団間の同質的競争が激しい．陸軍でも海軍でも空軍をもっていたことはよく知られている．三井対三菱．現在でも自動車にしても家電にしても国内に多くの企業をもち同様な製品群，類似のものを並存させながらの同質間競争を繰り返してきた．これが家電のように最近の日本の国際競争力を弱めたとの批判もあるが，自動車業界を見る限り必ずしもそうとはいえない．

　一方，集団といってもその範囲は可変である．会社のときもあれば日本全体として国のときもある．国レベルの対外的な集団の外に対しては，鎖国主義か，外の文化を無抵抗に受け入れるかの二面性をもつ．そして，西欧は「罪」の文化（絶対性）であるのに対して，他人との関係では"公"の意識から日本は「恥」の文化である．これが本来，顧客はどのようなものを欲しがっているのかの「創造力」，会社のための「犠牲心」につながる．しかしながら，これは国内（集団のなか）では「言わなくても通じているはず」，「わかってくれるはず」が通用しても，グローバルな世界では通用しない．グローバルな顧客価値を追求しようとすれば，そこでコミュニケーションを今一度再確認する必要があろう．

(2) 現実主義・現世主義

　加藤（2004）は，日本の次の特徴として，現実主義・現世主義であることを指摘している．まず現実主義というのは，現在を尊ぶ，あまり昔のことを心配しないで，都合の悪いことは早く忘れるような態度をいう．そして現世主義とは，文化の此岸（彼岸に対して）性というもので，日常生活の現実の外や，越えるような価値や権威に責任をもって加わらないようにするものである．言い換えれば，キリスト教のような絶対的，超越的な価値に束縛されないということであ

る．

　これらが現世利益的な仏教の世俗化や，世俗文化の下でものづくりに代表される技術主義，週刊誌やマンガといった享楽主義，琳派の絵画や日本料理の盛り付けのような美的装飾主義や「仕上げ」の美学にもつながる．盆栽，そして工場のロボットにも人の名前をつけるように自然と人工を区別しないのは，技術主義に加えて前述したソフトアニミズムの影響もあるであろう．逆に抽象的包括的な形而上学的なシスティマティックな体系を生み出すことを苦手とする．抽象的思考もしくは現存しない事物の心象を脳裏に描き出すことに対する興味が欠如している（ベネディクト，2005）．また問題解決能力は高いが，問題を「生み出す」人がいない（奥山，2007）．

　この技術主義ということの強みの裏には，例えば全体設計なしにいきなり部分，茶室からつくり始められる，あるいは細部拘泥主義といわれるように，細部から離れて全体を秩序づける原理が不在ということに結びつく．システム思考が弱いし，現在でも日本の技術者は目に見えるものを扱いたがり，システムを実現するためのソフトウェア，見えない技術への感受性が弱いことが指摘されることに一致する（木村，2009）．細部には技術主義でありながら，全体ロジックや最適性は技術主義が働かないというのも二面性である．また，技術やルールを汎用化する標準化に無頓着なのも技術主義の裏返しかもしれない．

　また考えてみれば，日本は自らの概念やイデオロギーで自らを変えるということが歴史上あまり見られず，黒船やロシアの脅威，敗戦・占領といった外からの力（危機）をうまく活用して変革を図ってきた．ただし，そのような変革に対して現実主義の強みとして，変化への対応は早く見事であったことは歴史が証明している．

　一方，この文化特性を理解して克服しなくてはならないことは，日常生活や現場を離れた抽象的思考や心象の創造が苦手であるということである．前節で述べた現場で身近なマーフィーについては目で見る管理などにより見える化し，これをなくそうとする改善努力が機能するのに対して，現実と離れた滅多に起こらない，あるいは遠くのサプライチェーンのどこかから襲ってくるマーフィーに関しては途端に無頓着になる．言い換えれば，身近なリスクマネジメントは得意だが，広範囲で抽象的なリスクマネジメントが弱いということである．

このことに関して井沢(2007)はまったく別の文脈から，日本のリスクマネジメントの脆弱性を言い当てている．それは神道の影響である．神道は徹底的な現世肯定であるが，その神道のなかに言霊信仰がある．言霊とは言葉自体に霊が備わっているという考え方で，悪いことが起こる，起こってほしくないことを「言挙げ」しない，言うべきでない，というものである．同時に言霊の世界では，本名を明かさない．その風習は今でも夫を実名ではなく「あなた」，上司も「部長」，「課長」と呼ぶように残っているといわざるを得ない．

要するリスクや危機を想定する段階でそれが封鎖されるから，「言挙げしない国」ゆえに日本はいまだにリスクマネジメント，危機管理ができない，というものである．現在のものづくりの競争は，グローバルサプライチェーンのパフォーマンスにかかっているといっても過言ではない．そこでの勝者は，コトづくり発想でマーケティングと開発・設計を一体化，グローバルサプライチェーン全体のリスクの見える化と，それにもとづく迅速な対応力にある．まさにグローバルでのリスクマネジメントの勝負である．暗黙の風習の弱点にいち早く気づき，マネジメントを刷新することが今こそ求められている．

(3) 相対劣位のメンタリティ

内田(2009)によれば，相対劣位とは，本当の文化はどこか他のところでつくられるのであって，自分たちはなんとなく劣っているという意識をいう．同様に梅棹(1974)も，日本人にはある種の文化的劣等感がつきまとっており，本当の文化はどこか他のところでつくられ，自分のところはなんとなく劣っているという一種の"かげ"の意識をもつという．その理由として，両者とも中華思想と周辺蛮族，すなわち，華夷秩序における東夷の意識に起因しているとしている．その意味ではローマの外に住みゲルマンの蛮族であったドイツ人も同様という．

この相対劣位の感覚からか，日本人はいつもきょろきょろして，常に新しいものを外なる世界に求める．一方で，いつも未達，未熟を正当化し，わかりません，できません，と答えることができるという．これは一般的に中国人が自己高揚(self-enhancement)文化であるのに対して日本人が自己批判(self-criticism)文化と呼ばれるのと符合する．

筆者自身，企業のSCM(サプライチェーンマネジメント)性能の国際比較調査の研究で，中国企業の自己評価が異様に高い得点であったことも経験した．これは一般に国際比較の研究ではよく知られている．それよりも日常的に日本人学生と多くの留学生のゼミでの受け答えから実感してきた．どちらがいいかは別にして，中国人は常に「できます」，日本人はたとえかなりできていても「できてません．ダメです」と答えることが多い．そういえばドイツ人や，ラテンのフランス人やギリシャ人は日本人に近いような印象をもっている．

　内田(2009)によれば，日本人はこのような辺境人のメンタリティを古来うまく活用してきたという．華夷秩序における東夷というポジションを受け入れることによって，ルールは既に決まっている，ルールには従うがあるときは知らないふりで，本音と建前的に政治的，文化的にはフリーハンドという二面性をうまく保ってきたという．反面，ルールをつくり他国を領導することは苦手とする．1990年頃，高品質・高信頼性の国と世界からベンチマーキングされ手本にされ，本来先行者の立場から他国を領導するとなると思考停止，無能化する．領導すべき立場になったときから，バブルが崩壊し思考停止に陥ったことは記憶に新しい．

　一方，いつも「世界の中心」，「上位文化がどこかにある」という感覚は，常に外から新しいもの(概念，イデオロギー)を受け入れることに卓越した能力に結びつく．同時に前述のいつも未達，未熟であることを正当化する感覚と相俟って，無限遠点に目標を置くような武士道に代表される「○○道」を生み出してきたのではなかろうか．これこそマーフィーをゼロにすることは不可能であっても，それを目標とする改善がうまく生起した源泉ではなかろうか．これこそ欧米的な不確実性回避傾向では説明できない部分であり，日本文化の大きな強みとなる特徴ではなかろうか．

　なお，努力と報酬の間に相関があることを確実に予見させることは武士道に反するという．林(1984)は日本型競争文化は事後ルールだという．これは欧米の契約社会と大きく異なる．改善文化を支えたQCサークルも，本来，報酬とは切り離した勤務時間外にやることに意味があったはずである．報酬とリンクした目標管理も日本では，それを切り離した方針管理がうまく機能した．

7.4 価値観 70 項目の国際調査による日本文化の検証

以上，日本文化の特徴を文献により，重層性にもとづく時代による普遍性と 3 つの特徴について述べてきた．ホフステードの高不確実性回避の枠の中では捉えきれないものであるが，客観的にこれらの特徴を抽出できないだろうか．そこで**第 2 章**，**第 3 章**で用いた世界 8 カ国・地域の CS 関連指標に引き続いて行っている調査データから，次元抽出を試みてみよう．調査は現在も継続中であるが，日本に加えて，米国，フランス，エクアドル，ボリビア，スリランカの 6 カ国である．

この調査票には，ホフステードの 4 次元に加えて長期指向 (LTO) に関する質問も加えた 30 項目，そしてホフステードの質問が仕事や職場中心なのに対してより一般な価値観 (パーソナリティ) を聞く項目群としてよく知られている Big 5 Personality traits (例えば，Brown 他 (2002)) から 40 項目を加えて，パーソナル文化，価値観 (パーソナリティ) の質問紙を用意し，その回答データにもとづく次元を抽出した．サンプル数は，日本 377，米国 742，フランス 163，エクアドル 885，ボリビア 805，スリランカ 796 の計 3,768 である．

まず 70 項目の因子分析を行ったところ 17 の互いに独立な因子が得られた．そのうえでそれぞれの因子スコアの各国の平均値を計算し，それぞれ国による平均値の差の検定を行った．**図 7.5** は，国による差が有意でかつ日本が一番高いあるいは低くなった 7 因子について，各国の平均スコアをレーダーチャートに示したものである．7 つの因子には，「人間関係重視」，「指示の大まかさ」，「過去へのこだわりのなさ」，「非未来指向」，「非独創性」，「寡黙さ」，「劣位感覚」と命名してあるが，その意味を具体的に示すために対応する項目も横に掲示した．なお，低くなったものについては，表記した項目の表現を逆にし，スコアの符号を逆転してある．

まず「人間関係重視」は，仕事，職場での人間関係や仲間意識でインスティテューショナル集団主義に対応している．そして集団内での指示やコミュニケーションでは細かい指示は不必要であることから，「指示のおおまかさ」もインスティテューショナル集団主義の一面であり，また標準化を嫌う日本文化も反映している．なお，この「指示のおおまかさ」の逆の「細かい指示」はホフ

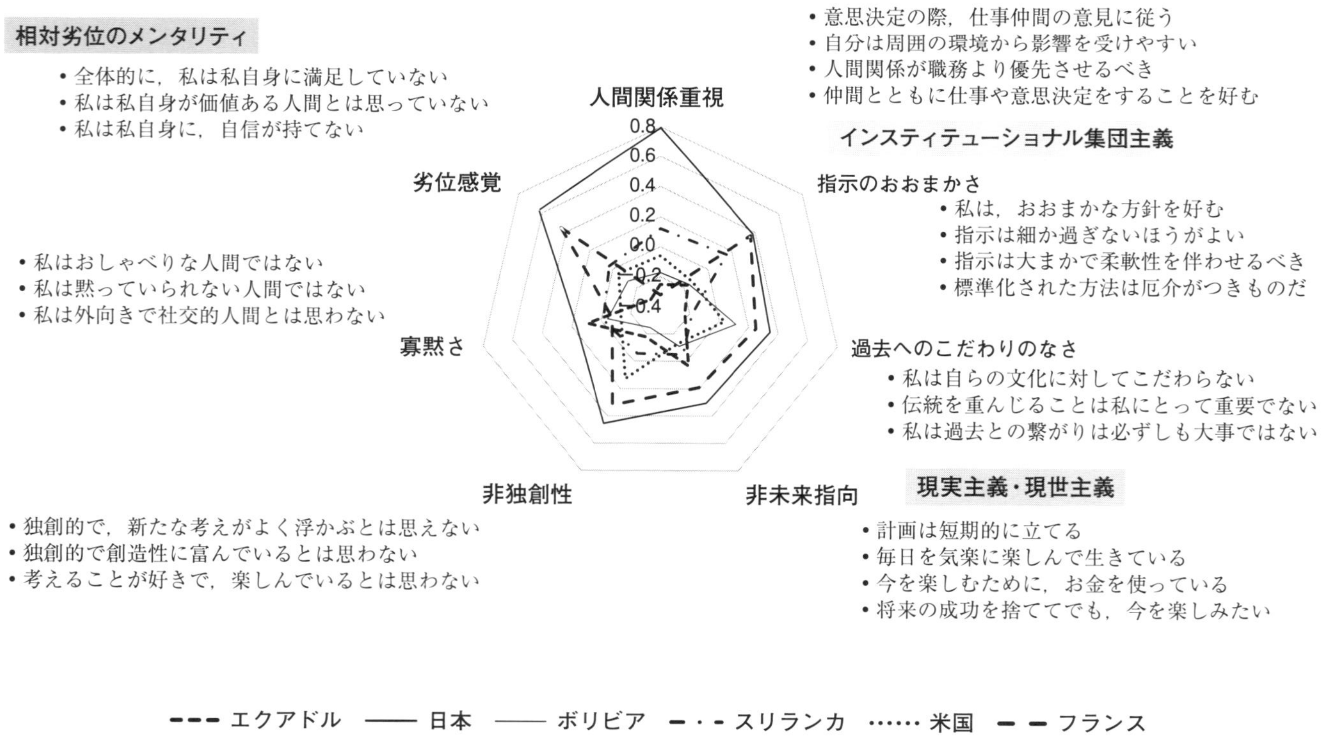

196　第7章　日本文化と品質・ものづくりのマネジメント，そしてこれから

相対劣位のメンタリティ
- 全体的に，私は私自身に満足していない
- 私は私自身が価値ある人間とは思っていない
- 私は私自身に，自信が持てない

寡黙さ
- 私はおしゃべりな人間ではない
- 私は黙っていられない人間ではない
- 考えることが好きで，社交的な人間とは思わない

インスティテューショナル集団主義
- 意思決定の際，仕事仲間の意見に従う
- 自分は周囲の環境から影響を受けやすい
- 人間関係が職務より優先させるべき
- 仲間とともに仕事や意思決定をすることを好む

指示のおおまかさ
- 私は，おおまかな方針を好む
- 指示は細か過ぎないほうがよい
- 指示は大まかで柔軟性を伴わせるべき
- 標準化された方法は厄介なものだ

過去へのこだわりのなさ
- 私は自らの文化に対してこだわらない
- 伝統を重んじることは私にとって重要でない
- 私は過去との繋がりは必ずしも大事ではない

現実主義・現世主義
- 計画は短期的に立てる
- 毎日を気楽に楽しんで生きている
- 今を楽しむために，お金を使っている
- 将来の成功を捨ててでも，今を楽しみたい

人間関係重視　0.8　0.6　0.4　0.2　0.0　-0.2　-0.4
劣位感覚
非独創性
非未来指向

--- エクアドル　―― 日本　--- ボリビア　･･･ スリランカ　……米国　－・－ フランス

図7.5　個人の文化・価値観70項目の因子分析で得られた7因子と各国のスコア

ステードの高不確実性回避の1項目であり，この面では日本は高不確実性回避ではないことを意味し，日本独特の二面性の一つであると考えられる．

次の「過去へのこだわりのなさ」，そして「非未来指向」は，過去，未来に対する現在を楽しむ態度の価値観であり，まさに現実主義・現世主義を表しているものと考えられる．そしてその次の「非独創性」は，日常生活を越えた抽象的思考や心象の創造を苦手とする現実主義・現世主義の特徴の一つである．さらに「寡黙さ」についても「言挙げしない国」ということで述べたように，雄弁を潔しとしない現実主義・現世主義の文化慣習の一端を示すものである．

そして最後の「劣位感覚」はまさに相対劣位のメンタリティに対応するものである．日本のこの因子の平均スコアは際立って大きい．因子スコアは平均が0で標準偏差が1になるように標準化されていることから，これが大きいということは，国による有意差のなかで特に「劣位感覚」は他国との差が著しく大きいことを意味する．3.5節で述べた日本人は「悪い口コミはするが，良い口コミはしない」という特徴の源泉になっているものである．

以上から前節でまとめた三大特徴は，広く個人の価値観を示す項目を追加することで，国際比較という観点からも具体的なデータを用いて検証できた．なかでも相対劣位のメンタリティは他国と比べて最も際立った特徴と考えることができる．

なお，**図7.5**のレーダーチャートを見ると，日本に最も近いのがフランスで，人間性重視を除くと文化の特徴パターンの形状まで似ている．

7.5　日本文化を生かした顧客価値創造へ

ホフステードの卓見にあるように，ある国で成功した経営理論や政策・制度が文化の異なる国でそのまま通用するはずがない．高度成長時代には，QCサークルや方針管理のように，意識してか無意識かわからないが，振り返ると日本文化との相性を考えたマネジメント手法が考案され生かされてきた．バブル崩壊後の政策や制度を見る限り，このような日本文化を否定することはあっても，相性を考えて日本流にカスタマイズするようなものはあまり見られないのは，残念でしかたがない．

グローバル化した現在，海外からいっそうさまざまなものが流入してくるし，かつそのスピードは速まる．しかしながら，日本文化の重層性を考えれば，それらの影響を受けるものの3つの特徴は基本的には変わらないことが想定される．一方で世界の競争ルールは大きく変わっている．少なくとも日本が強みを発揮した工業化社会から，大きく競争の軸は変わってきている．**第1章**でふれたIMDによれば現在の競争力のキーワードの一つは，グローバリティ（海外へのオープンさ）という．日本の制度がこれに適していないために大きく順位を落としているのである．しかし，ルールは変えられないし，文化的にもそのようなことは得意ではない，力ももっていない．また政治による制度を変えることを期待しても時間がかかるだけである．

であれば，日本文化の特徴で強みである重層性，なかでも可塑融通性を発揮すればよい．しかしながら，可塑融通性を発揮するためには，そのルールをまず理解し，日本文化が強みを発揮できるようなカスタマイズを行うことが必要である．バブル崩壊後，果たしてこの新たな競争ルールをどこまで明確に意識してきただろうか．そこで，まずその競争ルールを確認しておこう．

オープンさは国の制度にかかわることであるのでここでは置いておこう．そこでグローバリティである．市場のグローバル化，特に新興国市場の台頭であり，そこでの顧客の真のニーズを探るということである．そのニーズに対応して価値を供給するためのグローバルサプライチェーンのパフォーマンスを向上させることである．

このいずれにも大きく出遅れた．そこで前者を克服するために本書の主題である「ものコトづくり」を提唱したのである．顧客の心情については，インスティテューショナル集団主義のところで述べたように，異文化や宗教に寛容で，かつ他人との関係では"公"の意識から日本は「恥」の文化であり，これが本来，顧客はどのようなものを欲しがっているのかの「創造力」を，他国に比べてもっているはずである．工業化社会でも高品質・高信頼性は，本来，顧客に鍛えられたものである．それが成功体験になり，顧客のほうを忘れたものであり，原点に戻ればよいのではなかろうか．

グローバルサプライチェーンのほうはより深刻である．この10年で大きく遅れをとってしまった．現在ガートナーが発表するSCMの世界ランキングの

7.5 日本文化を生かした顧客価値創造へ

上位50社から，トヨタの36位を除いて日本企業が消えてしまった．その原因は，現実主義・現世主義のところで述べたように，現場の強みに頼るばかりで，グローバルサプライチェーンという広領域でのリスクマネジメントに無頓着だったからである．加えて，広い領域のリスクマネジメントに不可欠な"見える化"ができていないためである．そして"見える化"の手段としてITの潜在能力を引き出すための標準化がうまくできていないためである(圓川他，2015)．

では，どのようにすればよいか．文化は変えられない．しかし，文化自体は変えられなくともその可変パラメータを変えればよい．図7.6 はそのスコープを描いたものである．

まず現場のものづくりの見える化や改善をうまく機能させた高不確実性回避を，広範囲のサプライチェーン全体に振り向けることである．そのためには，無意識に狭ばめられていたリスクマネジメントの範囲を広げ，それを現実の問題として認識を浸透させることである．これはマネジメント上の課題であり，抵抗は少ないであろう．

同時に"公"の意識が働く集団の範囲を SC，すなわちサプライチェーン全体に広げることである．現に集団の範囲は時代により可変であった．場合によっては日本全体になることもある．現にデミング(1996)は，1950年頃の日本

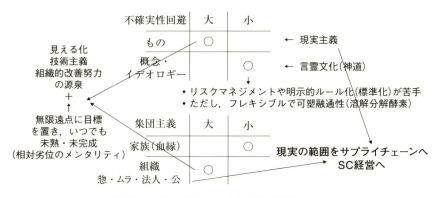

図7.6　可塑融通性にもとづく文化パラメータの改変

におけるシステムの境界は日本全体に及んでいたことを述べている．組織においてマネジメント上の最重要課題が顧客価値実現で，その実現のためのスコープがサプライチェーン全体という位置づけにできれば十分可能なはずである．

　この現実と集団の範囲という2つのパラメータを調整できれば，そのなかでの顧客の心情を読み取り，改善文化の強みが発揮されれば，容易にキャッチアップ，そして抜き去るような国際競争力に磨きをかけることができると思われる．今一度，背景も環境もまったく異なるが，戦後からのスタートラインと同様な位置づけをしたらどうであろうか．無論，人口減，高齢化という新たな問題にも対応が必要となる．しかしながら，自分では変われない文化の下では，危機こそ変わる絶好のチャンスでもある．

7.6　お客様第一こそ日本文化の強み

　本書で繰り返し引用してきた司馬（1997）の著作『この国のかたち　四』に，バブル崩壊後の日本が目標を失いかけている状況を危惧して，その263頁に次のような記述がある．「日本が国家目標を失った時，いつも江戸回帰という現象が起こる．おかしい．……**お得意さん大事という精神，このリアリズムだけが，日本を世界に繋ぎ止める唯一の精神と思えてならない**」という少し唐突な文章で締め括られる（太字は筆者による）．

　日本の目標，それは「お得意さん大事」，すなわち「お客様第一」という精神に他ならない．この心情こそ日本文化の強みを発揮させ，日本を活性化し世界に貢献できる唯一の手立てと解釈できる．今やお客様は世界に広がる．そのお客様の価値，顧客価値を心情だけでなく，実際のものにするためには，顧客価値を見える化し，それを実現するための手段も，組織のあり方も異なる．

　今，産業界では，例の海外からの日本人の新しもの好きの文化のせいか，ドイツのIndustrie 4.0が話題となっている．これは第4の産業革命として，少し難解な言葉で恐縮だが，「生産システムの自律垂直統合系CPS（Cyber Physical System）と水平統合系のITS（Internet of Thing & Service：IoT・S）による可視化を結びつけることにより，消費から生産・再生産までの全サイクルを統合的に把握，自律的な対応を可能にするドイツが企図する戦略的な産業

革命」と定義される.

　要するに,顧客を含めて製品ライフサイクルとそれを実行するための意思決定を,インターネットを含めたセンシング技術,意思決定支援技術などをITによって統合し,変化や変動に対して俊敏に対応できるようにしようというものである.そこでは顧客価値を探るためのビッグデータの活用も当然のことながら入る.

　しかしながら,今の日本にはそこに向かって大きく遅れとっている.顧客価値追求の心情はあるけれども,それを実現するための設計・生産と最前線のマーケティングの連携ができていない.さらには顧客価値実現を実行するためのグローバルサプライチェーンの見える化ができていない.まずそこから強化することが喫緊の課題であろう.

　とはいっても,「お客様第一」という心情は日本の最大の強みである.2014年の品質月間テキストで,トヨタの豊田章一郎名誉会長に品質への想いを書いていただいた(豊田,2014).筆者はその本の後段で対談する機会を得た.そのなかで「お客様第一」を全社で徹底するにはどうしたらよいか,とお尋ねした.

　すると「直接顧客に接しない工場等において最終的なお客様の思い描きなが

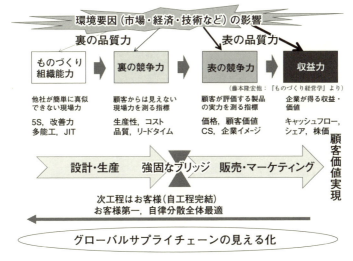

図 7.7　顧客価値実現をサプライチェーン全員でつなぐの日本のものづくりのあるべき姿(図 1.13 に加筆)

らするのは無理である．この想いをサプライチェーンに携わる全員でつなぐために，"次工程はお客様"という言葉がある．最近ではトヨタでそれを一段と高めるための"自工程完結"ということを徹底させている」とのことである．それを全員参加でつなぐことこそ TQM の神髄であろう．また同書のなかには，「全員参加とは自主性と全体最適である」とある．まさに名言である．サプライチェーンを構成する人，組織の自律分散的全体最適と考える．

図7.7 は本書の締め括りとして，図1.13 の再掲であり，その下に前述のサプライチェーン全体，全員でつなぎ実現するための構図を付け加えたものである．

このような顧客価値に対する心情と，それをつなぐ哲学をもつ日本文化の強みを生かすためにも，これまでともすれば疎かであったグローバルサプライチェーンの見える化やそのための IT 活用を可能にする標準化の強化を急ぐべきであろう．要するにその必要性を現実のものとして気づけば，日本文化の特性としてその対応は速いはずである．

参 考 文 献

Brown, T. J., Mowen, J. C., Donavan, D. T., and Licata, J. W.(2002)："The Customer Orientation of Service Workers: Personality Trait Effects on Self and Supervisor Performance Ratings," *Journal of Marketing Research*, Vol. 39, No. 1, pp. 110-119.

Goldratt, E. M.(1990)：*The Haystack Syndrome*, North River Press.

Hofstede, G. and G. J. Hofstede(2005)：*Cultures and Organizations: Software of the Mind, Revised and Expanded 2nd Edition*, McGraw-Hill.

House, R. J. *et al.* (2004)：*Culture, Leadership, and Organizations: The GLOBE Study of 62 Societies*, Thousand Oaks, Sage Publications.

井沢元彦(2007)：『仏教・神道・儒教集中講座』(徳間文庫)，徳間書店．

内田樹(2009)：『日本辺境論』(新潮新書)，新潮社．

梅棹忠夫(1974)：『文明の生態史観』(中公文庫)，中央公論社．

圓川隆夫(2009)：『我が国文化と品質』，日本規格協会．

圓川隆夫 編著(2015)：『戦略的 SCM』，日科技連出版社．

奥山清行(2007)：『伝統の逆襲』，祥伝社．

加藤周一(2004)：「日本社会・文化の基本的特徴」，『日本文化のかくれた形』(岩波現代文庫)所収，岩波書店．

木村英紀(2009)：『ものつくり敗戦』(日経プレミアシリーズ)，日本経済新聞出版社.
小池和男(2012)：『高品質日本の起源』，日本経済新聞出版社.
司馬遼太郎(1993a)：『この国のかたち　一』(文春文庫)，文藝春秋.
司馬遼太郎(1993b)：『この国のかたち　二』(文春文庫)，文藝春秋.
司馬遼太郎(1997)：『この国のかたち　四』(文春文庫)，文藝春秋.
司馬遼太郎(1998)：『歴史と風土』(文春文庫)，文藝春秋.
司馬遼太郎(2006)：『アジアの中の日本』(文春文庫)，文藝春秋.
デミング，W. E.(1996)：『デミング博士の新経営システム論』，NTT データ通信品質管理研究会　訳，NTT 出版.
豊田章一郎(2014)：『ものづくりは，人づくり』(品質月間テキスト 400)，品質月間委員会.
林周二(1984)：『経営と文化』(中公新書)，中央公論社.
ベネディクト，R.(2005)：『菊と刀』(講談社学術文庫)，長谷川松治　訳，講談社.
ホフステード，G.(1995)：『多文化世界』，岩井紀子，岩井八郎　訳，有斐閣.
丸山真男(2004)：「原型・古層・執拗低音」，『日本文化のかくれた形』(岩波現代文庫)所収，岩波書店.
山本七平(1983)：『空気の研究』(文春文庫)，文藝春秋.

付録1　世界8カ国・地域の15の製品・サービスのCS関連調査の質問紙の一部

Ⅰ．基本情報
性別，年齢，職業(業種)，出身地(国)，現在の居住地(年数)，世帯人数

Ⅱ．文化に関する質問
職場(もしくは学校など，あなたが属している組織)における，あなた自身の考え方についてお聞きします．次に挙げることについて，あなたの考えはAとBの間のどの位置に該当しますか？

5段階でお答えください．　例：(A ← -2 -1 0 1 2 → B、-1に○)

A	A ◄―――► B -2 -1 0 1 2	B
IDV1：自分は周囲の環境から影響を受けやすい		いつもマイペースで生きている
IDV2：「われわれは」という視点から物事を考える		「私は」という視点から物事を考える
IDV3：人間関係が職務よりも優先されるべきだ		職務が人間関係よりも優先されるべきだ
IDV4：個人の成功よりも集団の成功が大事だ		集団の成功よりも個人の成功が大事だ
IDV5：個人の利害よりも集団の利害が大事だ		集団の利害よりも個人の利害が大事だ
UAI1：あいまいさは，あってしかるべきもので，それを受け入れられる		あいまいさは，あってはならないもので，取り除かれねばならない
UAI2：周囲と違うということはむしろ興味をそそる		周囲と違うということに不安を感じる
UAI3：絶対必要な規則以外は必要ない		暗黙のルールも含め，規則を求める気持ちがある
UAI4：神経質になったり，緊張したりすることはほとんどない		神経質になったり，緊張したりすることがしばしばある
UAI5：仲間同士の競争は，害になるよりも利益になるのが普通だ		仲間同士の競争は，利益になるよりも害になるのが普通だ
UAI6：ルールや手順に常に従う必要はない		ルールや手順に常に従わなければならない
UAI7：詳細な指示や説明は必要ない		詳細な指示や説明があったほうがよい
UAI8：決まり切った手順は必要ない		決まり切った手順は必要だ

Ⅲ．製品・サービスの満足度に関する質問(これから質問する製品・サービスについて，複数使っている方は，一つだけについてお答えください．)

付録1　世界8カ国・地域の15の製品・サービスのCS関連調査の質問紙の一部

1. パソコンについてお聞きします．ご利用でない方は2にお進みください．

1-1　今までに何回，パソコンを購入したことがありますか？　□0回　□1回　□2回　□3回　□4回以上

1-2　現在主に使っているパソコン(1つだけ)のメーカー名，購入時期，および主な利用目的をお答えください．

 1-2-1　メーカー名：　　□NEC　□DELL　□富士通　□HP　□ソニー　□日立　□東芝
          □シャープ　□Apple　□Lenovo　□IBM　□松下　□その他：_____

 1-2-2　種類：　　　　　□デスクトップ型　□ノート型

 1-2-3　購入時期：　　　□今年　□1年前　□2～3年前　□4年以上前

 1-2-4　主な利用目的(複数可)：□文書作成　□インターネット　□DVD　□テレビ　□ゲーム　□その他：____

1-3　そのパソコンに，全体的にどの程度満足していますか？

1	2	3	4	5	6	7	8	9	10
全く不満			やや不満			やや満足			極めて満足

1-4　そのパソコンおよびメーカーについて，以下の質問にお答えください．

 1-4-1　そのパソコンを購入する上で，パソコンに関する情報を積極的に集めたり，他のメーカーのパソコンと比較をしたりしましたか？

1	2	3	4	5	6	7	8	9	10
全くそうではない			ややそうではない			ややそうだ			極めてそうだ

 1-4-2　そのパソコンを購入する際，そのパソコンの品質にどれくらい期待していましたか？

1	2	3	4	5	6	7	8	9	10
全く低い			やや低い			やや高い			極めて高い

 1-4-3　そのパソコンの品質はいかがですか？

1	2	3	4	5	6	7	8	9	10
全く悪い			やや悪い			やや良い			極めて良い

 1-4-4　そのパソコンの購入価格に対して，その品質はいかがですか？

1	2	3	4	5	6	7	8	9	10
全く悪い			やや悪い			やや良い			極めて良い

 1-4-5　そのパソコンのメーカーを他の人に薦めたいと思いますか？

1	2	3	4	5	6	7	8	9	10
全くそう思わない			ややそう思わない			ややそう思う			極めてそう思う

 1-4-6　次にパソコンを買うときに，またそのメーカーのものを購入したいと思いますか？

1	2	3	4	5	6	7	8	9	10
全くそう思わない			ややそう思わない			ややそう思う			極めてそう思う

 1-4-7　そのパソコンを購入した後，そのメーカーについて詳しく知りたいと思いましたか？

1	2	3	4	5	6	7	8	9	10
全くそうではない			ややそうではない			ややそうだ			極めてそうだ

 1-4-8　そのメーカーについて，どのような一般イメージを持っていますか？

1	2	3	4	5	6	7	8	9	10
全く悪い			やや悪い			やや良い			極めて良い

1-5　他のメーカーのパソコンを購入するとしたら，以下のことについてどの程度当てはまりますか？

 1-5-1　(金銭面)メーカーを切り替えることによる余分なコストがかかる．

1	2	3	4	5	6	7	8	9	10
全く当てはまらない			やや当てはまらない			やや当てはまる			極めて当てはまる

 1-5-2　(時間，労力面)情報収集やメーカー変更，または使い慣れたりするまでに時間や手間がかかる．

1	2	3	4	5	6	7	8	9	10
全く当てはまらない			やや当てはまらない			やや当てはまる			極めて当てはまる

 1-5-3　(品質面)メーカーを切り替えることによる品質上のリスクがある．

1	2	3	4	5	6	7	8	9	10
全く当てはまらない			やや当てはまらない			やや当てはまる			極めて当てはまる

 1-5-4　メーカーを切り替えることによって，人間関係(店員や友人との関係，ユーザー同士のコミュニケーション，ブランドコミュニティー)などを損なう恐れがある．

1	2	3	4	5	6	7	8	9	10
全く当てはまらない			やや当てはまらない			やや当てはまる			極めて当てはまる

付録2 世界8カ国・地域の業種別CS関連指標の平均値(10段階評価)

CS	全体(民間,公共)	全体(民間)	製品	民間サービス	公共サービス
日本	6.04	6.46	6.69	6.32	4.97
中国	6.20	6.37	6.63	6.22	5.73
タイ	6.58	6.90	7.06	6.80	5.81
フランス	6.70	7.25	7.46	7.09	5.43
ボリビア	6.52	7.19	7.33	7.09	4.93
米国	7.40	7.73	7.81	7.68	6.70
ドイツ	6.71	7.17	7.56	6.92	5.40
ウイグル	6.47	6.56	6.70	6.51	6.21
インドネシア(参考)	6.76	7.50	7.66	7.39	5.51

付録3 CS関連指標の製品・サービス別国別平均値(10段階評価)

CS		日本	中国	タイ	フランス	ボリビア	米国	ドイツ	ウイグル	インドネシア(参考)
製品	携帯電話端末	6.52	6.55	7.09	7.20	7.17	7.40	7.32	6.60	7.56
	パソコン	6.32	6.66	6.89	7.43	7.26	7.73	7.77	7.04	7.68
	シャンプー	6.96	6.65	7.14	7.48	7.46	7.82	7.47	6.64	7.70
	自動車	7.07	6.75	7.14	7.77	7.58	8.25	7.79	—	7.77
サービス	銀行	5.98	6.54	7.47	6.75	7.10	8.24	7.22	6.91	7.78
	ファストフード	6.29	6.42	6.62	6.91	7.28	7.21	6.59	6.75	7.55
	美容院	6.82	6.30	6.65	7.49	7.15	8.04	7.12	6.41	7.41
	病院	6.16	5.33	6.29	7.21	6.49	7.29	6.99	5.97	7.01
	携帯サービス	6.33	6.41	6.92	7.12	7.09	7.60	6.58	6.01	6.98
	スーパー	6.32	6.29	6.79	7.07	7.46	7.73	7.03	6.86	7.60
知覚品質		日本	中国	タイ	フランス	ボリビア	米国	ドイツ	ウイグル	インドネシア
製品	携帯電話端末	6.50	6.72	6.83	6.54	7.12	7.19	7.10	6.86	7.42
	パソコン	6.44	6.73	6.62	6.74	7.06	7.55	7.65	6.89	7.65
	シャンプー	6.82	6.61	6.95	7.05	7.32	7.56	7.42	6.92	7.70
	自動車	7.02	6.82	6.79	6.98	7.56	7.96	7.34	—	7.76
サービス	銀行	5.77	6.49	7.30	6.58	7.12	8.20	7.14	7.01	8.03
	ファストフード	5.90	6.51	6.56	6.20	7.20	6.79	5.94	6.67	7.60
	美容院	6.68	6.29	6.55	7.20	6.98	8.04	7.09	6.73	7.43
	病院	6.21	5.44	6.31	6.98	6.47	7.20	7.02	6.13	7.12
	携帯サービス	6.19	6.43	6.79	6.43	6.89	7.45	6.20	6.53	6.89
	スーパー	6.16	6.23	6.73	6.65	7.32	7.25	6.34	6.98	7.28

付録3　CS関連指標の製品・サービス別国別平均値(10段階評価)(つづき1)

知覚価値		日本	中国	タイ	フランス	ボリビア	米国	ドイツ	ウイグル	インドネシア
製品	携帯電話端末	6.10	6.62	6.83	6.50	6.84	7.24	6.93	6.72	7.18
	パソコン	6.27	6.57	6.73	6.78	6.84	7.60	7.41	6.65	7.60
	シャンプー	6.43	6.42	6.83	6.67	6.95	7.68	6.97	6.54	7.51
	自動車	6.68	6.74	7.03	6.97	7.30	7.99	7.50	—	7.65
サービス	銀行	5.62	6.44	7.05	6.26	6.83	8.16	7.04	6.99	7.18
	ファストフード	6.19	6.21	6.51	6.12	6.88	6.96	5.96	6.48	7.35
	美容院	6.52	6.11	6.55	6.81	6.89	7.84	7.06	6.64	7.34
	病院	5.92	5.21	6.54	6.72	6.50	6.70	6.52	5.49	6.91
	携帯サービス	5.63	6.02	6.40	6.05	6.54	7.07	6.17	6.14	6.80
	スーパー	6.10	6.41	6.62	6.42	7.08	7.46	6.62	6.78	7.35
事前期待		日本	中国	タイ	フランス	ボリビア	米国	ドイツ	ウイグル	インドネシア
製品	携帯電話端末	6.89	6.99	7.21	6.90	7.33	7.67	7.29	7.15	7.76
	パソコン	6.92	7.05	7.50	7.29	7.87	8.02	7.90	7.38	8.02
	シャンプー	6.69	6.90	7.39	7.11	7.39	7.33	7.07	7.50	7.84
	自動車	6.97	6.99	7.19	7.06	7.65	8.07	7.12	—	7.83
サービス	銀行	5.84	6.86	7.51	7.08	7.44	8.21	6.97	7.42	7.99
	ファストフード	5.54	6.69	6.83	6.49	7.38	6.74	5.98	7.42	7.76
	美容院	6.39	6.73	7.02	7.11	7.10	7.79	6.45	7.27	7.49
	病院	6.37	6.23	7.12	7.19	6.91	7.53	6.92	7.41	7.26
	携帯サービス	6.52	6.65	7.22	6.89	7.36	7.67	6.65	7.21	7.81
	スーパー	6.01	6.63	6.91	6.82	7.47	7.07	6.22	7.32	7.67
口コミ		日本	中国	タイ	フランス	ボリビア	米国	ドイツ	ウイグル	インドネシア
製品	携帯電話端末	5.20	6.09	6.48	6.66	7.03	7.00	6.73	6.02	6.37
	パソコン	5.42	6.13	6.63	6.71	6.73	7.27	7.18	6.09	7.05
	シャンプー	5.65	6.12	6.84	6.82	7.11	6.92	6.60	6.29	7.01
	自動車	6.15	6.53	6.74	7.08	7.54	7.99	7.12	—	7.03
サービス	銀行	4.98	6.05	7.20	6.34	7.03	8.02	6.70	6.64	7.43
	ファストフード	5.07	5.82	6.53	6.40	7.07	6.59	6.20	6.59	6.99
	美容院	5.81	5.81	6.78	7.14	6.90	7.80	6.66	6.39	7.01
	病院	5.58	4.94	6.48	7.00	6.41	6.82	6.78	5.78	6.72
	携帯サービス	5.48	6.04	6.52	6.59	6.79	7.07	6.08	6.06	6.28
	スーパー	5.54	5.89	6.76	6.71	7.34	7.33	6.62	6.77	7.21
再購買意図		日本	中国	タイ	フランス	ボリビア	米国	ドイツ	ウイグル	インドネシア
製品	携帯電話端末	5.86	6.20	6.73	5.89	6.42	6.92	6.54	4.94	6.29
	パソコン	5.66	5.91	6.09	6.32	6.13	7.09	6.91	5.17	6.71
	シャンプー	6.68	6.37	7.25	7.43	7.51	7.97	7.79	5.80	7.27
	自動車	6.26	6.35	6.72	6.63	6.72	7.45	6.33	—	7.11
サービス	銀行	6.02	6.51	7.73	7.36	7.13	8.82	7.59	7.08	7.68
	ファストフード	6.34	6.27	6.83	7.07	7.04	7.24	6.69	6.36	7.05
	美容院	7.16	6.13	7.13	7.70	7.23	8.58	7.90	6.50	7.59
	病院	6.43	5.27	6.96	7.68	6.78	7.77	7.94	5.92	7.10
	携帯サービス	6.39	6.63	7.44	7.07	7.44	7.74	6.59	6.42	5.88
	スーパー	6.59	6.36	7.12	7.78	7.38	8.34	7.39	6.97	7.24

付録3　CS関連指標の製品・サービス別国別平均値（10段階評価）（つづき2）

企業イメージ		日本	中国	タイ	フランス	ボリビア	米国	ドイツ	ウイグル	インドネシア
製品	携帯電話端末	6.55	6.66	7.41	6.60	7.38	7.34	7.09	6.61	7.79
	パソコン	6.62	6.48	6.76	6.87	7.03	7.56	7.42	6.48	7.40
	シャンプー	6.72	6.55	7.21	7.22	7.63	7.72	7.22	6.64	7.70
	自動車	7.18	6.81	7.30	7.30	7.64	8.04	6.99	—	7.72
サービス	銀行	6.12	6.52	7.53	6.81	7.35	8.39	7.04	7.22	8.02
	ファストフード	6.09	6.43	6.78	6.17	7.21	7.02	6.56	6.79	7.52
	美容院	6.58	6.21	6.81	7.44	7.31	8.24	6.91	6.64	7.28
	病院	6.31	5.24	6.71	7.20	6.88	7.24	7.03	6.09	7.10
	携帯サービス	6.44	6.39	7.12	6.77	7.34	7.44	6.37	6.54	7.13
	スーパー	6.38	6.31	6.92	6.89	7.51	7.64	6.55	7.20	7.56
スイッチングコスト(リスク, 時間, 金銭)		日本	中国	タイ	フランス	ボリビア	米国	ドイツ	ウイグル	インドネシア
製品	携帯電話端末	5.70	5.57	6.38	5.10	5.75	6.48	5.29	5.15	6.05
	パソコン	5.10	5.81	6.87	5.31	6.35	6.17	5.62	5.08	6.53
	シャンプー	4.03	4.90	5.71	4.66	5.45	5.25	4.43	4.52	6.78
	自動車	5.26	6.08	7.08	5.69	6.71	6.37	5.71	—	6.10
サービス	銀行	6.24	4.48	5.64	6.53	6.03	7.22	6.01	4.97	6.74
	ファストフード	3.30	4.24	5.51	4.42	5.72	4.83	4.12	4.78	6.07
	美容院	5.90	5.17	6.29	5.52	6.03	6.60	5.52	5.03	6.72
	病院	5.80	5.09	6.24	5.00	6.51	7.20	5.30	5.00	6.39
	携帯サービス	7.06	5.06	5.89	5.65	5.36	7.18	5.78	5.32	6.02
	スーパー	4.49	4.60	5.27	5.18	5.74	5.88	4.75	4.67	6.23
スイッチングコスト(人間関係)		日本	中国	タイ	フランス	ボリビア	米国	ドイツ	ウイグル	インドネシア
製品	携帯電話端末	2.72	4.00	3.03	2.39	3.30	2.65	2.20	3.77	3.82
	パソコン	2.35	4.03	3.60	2.29	3.36	2.68	2.34	4.23	3.69
	シャンプー	2.11	3.92	3.51	1.97	3.33	2.29	2.10	3.65	3.67
	自動車	3.51	4.65	4.23	2.03	3.79	2.62	2.70	—	4.04
サービス	銀行	2.66	3.87	3.78	2.15	3.71	3.25	2.74	3.93	4.10
	ファストフード	1.98	3.65	3.78	1.90	3.55	2.35	2.33	3.92	3.62
	美容院	4.28	4.08	4.05	2.25	3.68	4.71	3.28	4.14	3.67
	病院	3.52	3.47	3.76	1.94	3.59	3.32	3.35	3.73	3.91
	携帯サービス	3.92	4.32	4.38	2.74	4.24	3.01	2.74	4.68	5.38
	スーパー	2.29	3.76	3.69	1.98	3.34	2.61	2.29	3.89	3.73

付録4　各国のCS関連指標の属性別平均(10段階評価)

CS	全体	男性	女性	10-20代	30-40代	50代以上
日本	6.46	6.51	6.40	6.62	6.37	6.19
中国	6.37	6.32	6.42	6.35	6.35	6.55
タイ	6.90	6.81	6.95	6.89	6.97	7.13
フランス	7.25	7.05	7.43	7.13	7.32	7.39
ボリビア	7.19	7.15	7.25	7.21	7.16	7.02
米国	7.73	7.59	7.88	7.62	7.74	7.88
ドイツ	7.17	7.23	7.05	7.17	7.16	7.14
ウイグル	6.56	6.38	6.71	6.52	6.77	6.80
インドネシア(参考)	7.50	7.51	7.49	7.51	7.40	—

知覚品質	全体	男性	女性	10-20代	30-40代	50代以上
日本	6.35	6.38	6.31	6.49	6.25	6.12
中国	6.40	6.33	6.48	6.46	6.29	6.40
タイ	6.75	6.58	6.83	6.77	6.66	6.83
フランス	6.75	6.68	6.82	6.71	6.77	6.80
ボリビア	7.08	7.03	7.13	7.09	7.02	6.89
米国	7.51	7.36	7.67	7.36	7.53	7.71
ドイツ	6.92	6.97	6.81	6.92	6.92	6.86
ウイグル	6.75	6.58	6.88	6.72	6.91	6.85
インドネシア(参考)	7.49	7.50	7.48	7.50	7.22	—

知覚価値	全体	男性	女性	10-20代	30-40代	50代以上
日本	6.13	6.14	6.11	6.22	6.10	5.91
中国	6.25	6.19	6.31	6.29	6.13	6.38
タイ	6.70	6.58	6.76	6.71	6.65	6.75
フランス	6.54	6.51	6.56	6.46	6.61	6.59
ボリビア	6.83	6.84	6.82	6.85	6.78	6.63
米国	7.47	7.37	7.57	7.45	7.45	7.53
ドイツ	6.80	6.88	6.64	6.81	6.69	6.64
ウイグル	6.50	6.30	6.65	6.51	6.45	6.50
インドネシア(参考)	7.28	7.21	7.35	7.29	7.15	—

事前期待	全体	男性	女性	10-20代	30-40代	50代以上
日本	6.40	6.37	6.44	6.47	6.43	6.16
中国	6.76	6.73	6.80	6.71	6.88	6.71
タイ	7.20	6.97	7.31	7.23	7.06	6.98
フランス	7.02	6.92	7.11	6.96	7.10	7.02
ボリビア	7.37	7.23	7.52	7.37	7.41	7.15
米国	7.60	7.43	7.78	7.45	7.62	7.81
ドイツ	6.86	6.89	6.81	6.87	6.87	6.79
ウイグル	7.34	7.35	7.34	7.29	7.53	7.86
インドネシア(参考)	7.76	7.81	7.71	7.77	7.33	—

口コミ	全体	男性	女性	10-20代	30-40代	50代以上
日本	5.47	5.41	5.56	5.73	5.31	5.05
中国	5.91	5.88	5.94	5.96	5.76	6.05
タイ	6.70	6.45	6.81	6.73	6.50	6.95
フランス	6.75	6.56	6.93	6.71	6.88	6.66
ボリビア	6.96	6.81	7.12	6.98	6.85	6.69
米国	7.27	7.04	7.52	7.18	7.31	7.35
ドイツ	6.65	6.65	6.65	6.69	6.57	6.14
ウイグル	6.32	6.01	6.57	6.33	6.23	6.34
インドネシア(参考)	6.89	6.74	7.03	6.91	6.54	—

付録4　各国のCS関連指標の属性別平均（10段階評価）（つづき）

再購買意図	全体	男性	女性	10-20代	30-40代	50代以上
日本	6.34	6.34	6.35	6.51	6.22	6.08
中国	6.20	6.12	6.29	6.34	5.96	6.18
タイ	7.03	6.85	7.11	7.04	6.93	6.85
フランス	7.09	6.90	7.25	6.95	7.23	7.17
ボリビア	7.00	6.94	7.07	7.02	6.90	6.82
米国	7.78	7.60	7.98	7.61	7.84	7.92
ドイツ	7.20	7.21	7.18	7.19	7.25	7.26
ウイグル	6.21	6.05	6.33	6.18	6.30	6.66
インドネシア（参考）	6.95	6.90	7.00	6.97	6.44	—

企業イメージ	全体	男性	女性	10-20代	30-40代	50代以上
日本	6.49	6.47	6.50	6.62	6.40	6.25
中国	6.33	6.23	6.45	6.40	6.17	6.44
タイ	7.06	6.81	7.17	7.07	6.99	7.15
フランス	6.95	6.83	7.05	6.81	7.08	7.03
ボリビア	7.33	7.24	7.43	7.35	7.22	7.18
米国	7.65	7.46	7.86	7.50	7.69	7.82
ドイツ	6.92	6.92	6.91	6.94	6.84	6.69
ウイグル	6.72	6.48	6.91	6.73	6.67	6.75
インドネシア（参考）	7.52	7.48	7.56	7.53	7.25	—

スイッチングコスト（リスク, 時間, 金銭）	全体	男性	女性	10-20代	30-40代	50代以上
日本	5.34	5.23	5.48	5.41	5.22	5.36
中国	5.05	4.96	5.16	5.27	4.64	5.11
タイ	6.04	5.90	6.11	6.08	5.78	6.63
フランス	5.35	5.07	5.60	5.32	5.37	5.36
ボリビア	5.87	5.84	5.90	5.92	5.46	5.80
米国	6.31	6.06	6.58	6.24	6.38	6.27
ドイツ	5.25	5.17	5.40	5.26	5.22	5.16
ウイグル	4.92	4.94	4.90	4.89	5.06	5.19
インドネシア（参考）	6.33	6.26	6.40	6.34	6.23	—

スイッチングコスト（人間関係）	全体	男性	女性	10-20代	30-40代	50代以上
日本	2.94	2.86	3.03	2.96	2.84	3.03
中国	3.94	3.78	4.13	4.14	3.39	4.52
タイ	3.76	3.75	3.76	3.71	3.76	5.88
フランス	2.18	2.29	2.08	2.24	2.11	2.15
ボリビア	3.58	3.79	3.34	3.60	3.43	3.67
米国	2.91	2.80	3.03	2.87	2.87	3.05
ドイツ	2.60	2.66	2.47	2.58	2.46	3.14
ウイグル	3.97	4.21	3.77	3.83	4.65	4.99
インドネシア（参考）	3.97	3.97	3.97	3.97	3.95	—

付録5　国による文化項目の平均スコア

	日本	中国	タイ	フランス	ボリビア	米国	ドイツ	ウイグル	インドネシア(参考)	測定項目
IDV1	3.05	2.58	3.43	3.12	3.58	3.43	3.45	3.37	3.37	いつもマイペースで生きている
IDV2	3.43	3.07	2.82	2.87	2.92	2.50	2.72	2.67	2.88	「私は」という視点から物事を考える
IDV3	2.93	3.10	3.08	3.12	3.25	2.97	2.55	2.47	2.62	職務が人間関係よりも優先されるべきだ
IDV4	2.63	-	2.56	-	2.80	2.53	2.98	2.28	2.38	集団の成功よりも個人の成功が大事だ
IDV5	2.73	-	2.49	-	2.66	2.61	2.74	2.06	2.32	集団の利害よりも個人の利害が大事だ
UAI1	2.54	3.27	2.51	2.84	3.54	2.53	3.03	3.08	2.88	あいまいさはあってはならないので取り除かれるべき
UAI2	2.45	2.71	2.08	2.26	2.19	2.21	1.98	2.33	1.77	周囲と違うということに不安を感じる
UAI3	3.27	3.11	2.53	2.66	3.01	2.76	2.19	2.78	3.18	暗黙のルールも含め、規則を求める気持ちがある
UAI4	3.60	2.93	3.13	2.94	3.01	2.86	2.99	3.49	2.99	神経質になったり、緊張したりすることがしばしばある
UAI5	2.66	2.93	2.91	2.97	2.49	2.82	3.04	1.98	2.47	仲間同士の競争は利益になるよりも害になるのが普通だ
UAI6	3.00	-	3.24	3.42	3.97	4.05	3.37	3.70	4.11	ルールや手順に常に従わなければならない
UAI7	3.57	-	3.72	3.56	3.85	3.70	3.22	3.85	4.12	詳細な指示や説明があったほうがよい
UAI8	3.24	-	3.91	3.22	3.87	3.88	3.17	3.11	4.14	決まり切った手順は必要だ

注1）文化項目（行）の順序は付録1のIIの上から下に対応.
注2）IDV1〜3, UAI1〜5は各国の全サンプルで共通. 調査の後半にIDV4, 5, UAI6〜8を追加. 「-」は測定なし. 例えば日本では, IDV1〜3とUAI1〜5のサンプル数が1600, IDV4, 5とUAI6〜8のサンプル数が449.
注3）それぞれの文化項目で, 最高値は濃い影, 最低値は薄い影で表示.

索　引

［英数字］

1/3 ルール　162
3 ム　161
4P　19, 130
6 シグマ　2
ACSI　84
　　——の CS モデル　39
Activity-Based Design　146
CFI　50
CFT　30, 133
COO（Country of Origin）　18, 178
CS　9, 18, 20, 36
　　——経営　35
　　——重視の経営　5
　　——生成メカニズム　47
　　——生成メカニズムの国による違い　61
　　——調査　36
　　——への企業イメージの影響　51
CSR　172, 174
CSV　172
CS-ロイヤルティ曲線　86, 91
　　——へのスイッチングコストの効果　93
DFX　9
DR　9
ECSI　51
FMEA　9
frugal engineering　15, 132
GCM　39
GLOBE　181

HLM　74
IMD 国際競争力　3, 4
Industrie 4.0　200
JCSI　115
JIT　1, 165
QFD　26, 27
RMSEA　50
SERVQUAL　26
SLA　163
SQC　8
TQC　1
TQM　202
UX　129, 145
VOC　10
WEF　3
χ^2 値　50

［あ　行］

愛国主義　180
アウトスタンディング　173, 174
　　——指標　110
悪性ガラパゴス　164, 166
当たり前品質　22
アフェクティブ　25
安全性　124
医業収支率　84
一元的品質　22
イノベーションのジレンマ　4, 154
因子分析　99, 119
インスティテューショナル集団主義　189, 196
インダストリアルデザイン　148

索　引

裏の競争力　31
裏の品質力　7
エコシステム　150
エスノグラフィー　145
エンジニアリングチェーン　30
オープンイノベーション　151
お客様第一　172, 201
男らしさ　58, 183
オペレーションズマネジメント　2
おもてなし　171
表の競争力　31
表の品質力　7, 9, 18, 20, 21, 156, 177

[か 行]

買い替えサイクル　81
階層線型モデル　74
快楽性　97
価値関数理論　65
狩野モデル　22
株価　79
ガラパゴス化　9
　——現象　159
かわいい文化　170
関係の経済性　19
患者を対象としたCS調査　82
間接効果　51
企業イメージ　31, 40
　——先行モデル　52
企業価値　124
企業の社会的責任　172
技術主義　192
期待−不確認モデル　37, 53
機能充足仮説　23
機能充足度とCSとの関係　66
機能代償仮説　24
業種カテゴリーによるCSの差　43
共創アプローチ　154

共通価値の創出　172
興味率　110
クールジャパン　170
口コミ　20, 40
国によるCSの差　43
国による製品・サービス別のCSの差
　44
国の文化の違いを測る尺度　58
グローカリゼーション　14, 134
グローバル企業　140
景気観　55
　——バイアス　78
経験価値　145, 147
　——マーケティング　29
現実主義　171, 191
現世主義　191
倹約工学　15, 132
源流管理　8
権力格差　58, 182
公意識　189
工程能力　8
行動経済学　69
高不確実性回避　184
顧客価値　174
顧客属性によるCSの差　46
顧客満足　9, 36
　——度　36
後光効果　174
個人主義　58, 182
個人レベルの文化特性　59
言霊信仰　193

[さ 行]

サービス・ドミナント・ロジック　29
サービスチェーン　30
再購買意図　18, 20, 40
再購買意図，口コミに対する企業イメー

ジの効果　89
再生知名率　108
再認識知名率　108
さび　172
サプライチェーン　30, 201
　――の見える化　157
差別化軸　129
残差　79
参照点　54
三方よし　172
仕上げの美学　171
シーン展開表　148
事業定義　17
自工程完結　202
自己高揚文化　193
自己批判文化　96, 193
事前期待　9, 20, 40
実用性　97
実用的価値　97, 147
自前主義　151
自民族中心主義　180
収益性　124
重回帰分析　47, 68, 112
シュリンケージ　163
情緒的価値　97, 147, 171, 172
情緒的ワクワク感　170
消費者行動の非合理性　69
素人発想玄人実行　154
新規来院者数　84
人口学的属性　61
スイッチングコスト　21, 40, 90
生活満足度　59
制御焦点理論　25, 97
生産文化　14, 138
世界経済フォーラム　3
設計品質　7
先進国ダミー　76

センターフィー制度　161
総合効果　51, 87
総合満足度　40
相対CS　44, 76
相対劣位の感覚　172
相対劣位のメンタリティ　193
ソフトアニミズム　172

[た　行]

対比作用　13
ダウジョーンズ平均株価　84
多機能疲労　11
建値制度　161
他人からの評価　40
多様性追求欲求　76, 94
単品管理　167
知覚価値　9, 20, 40
知覚矯正モデル　12
知覚品質　9, 20, 40
調整変数　21
直接効果　51
適合品質　7
適正品質　128
デマンドチェーン　30
デミング賞　1
トイレ文化　169
同化作用　13
ドミナント戦略　167

[な　行]

日本感性　130
日本文化の重層性　188, 198
認知率　110
熱狂へのステップ　145
納期遵守率　163

[は 行]

パーソナリティ　195
バイアス　53, 57
パス解析　49, 87, 99, 118
　　——による CS 生成メカニズム　50
比較標準　37, 53
ビッグデータ　201
非満足　7, 10, 144
評価因子　26, 66
標準化総合効果　52, 88
表層機能　23, 24
品質機能展開　26, 27
品質工学　9
品質差の見える化　13, 129
品質表　27
不確実性回避　58, 183
ブランディング　107, 173
ブランド　107
　　——イメージ　18, 20, 108, 174
　　——価値　108
　　——知名　108
　　——力　18, 177
　　——ロイヤルティ　19
ブランドジャパン　109
ブルウィップ現象　163
プロスペクト理論　54, 65
プロデューサー的人材　155
文化特性　61
平行進化　185
ヘドニック　25, 97
変数減少法　112
返品制度　162
ボトムアップイノベーション　132
ホフステード　58, 182
本質機能　23, 24

[ま 行]

マーケットシェア　71
マーフィー　187
満足度測定　36
魅力個性因子　120
魅力的品質　22, 67
無関心品質　68
無差別領域　13
メンテナンスフリー化　160
もったいない　172
モデレータ　21, 76
モナディック尺度　36
ものコトづくり　16, 129, 144, 155
もののあわれ　171

[や 行]

ユーザーエクスペリエンス　129
ユーザビリティ　25
ユーティリタリアン　25, 97
有用な品質　127
良い口コミ　94

[ら 行]

ラベリング制度　142
リーン　2
リカバリーパラドックス　21
リカバリー品質　21
リスク　188
　　——ホメオスタシス　159
　　——マネジメント　192
理想期待　37
理想点モデル　71, 72
リバースイノベーション　16, 133
良性ガラパゴス　130, 164
累積尺度　36
レファレンス・ポイント　54

ロイヤルティ　85
　——行動　98
ローカル企業　140

[わ　行]

ワクワク経験価値　129

わび　172
悪い口コミ　94

著者紹介

圓川　隆夫（えんかわ　たかお）　工学博士

東京工業大学　大学院社会理工学研究科経営工学専攻　教授
1949 年　山口県生まれ
1975 年　東京工業大学大学院　理工学研究科経営工学専攻　修了
同　年　東京工業大学　工学部　助手
1980 年　　　同　　　　　　　助教授
1988 年　　　同　　　　　　　教授

［専門］品質管理，生産管理，SCM
［著作］『オペレーションズ・マネジメントの基礎』（朝倉書店），『我が国文化と品質』（日本規格協会），『戦略的SCM』（共著，日科技連出版社）など多数．
［表彰］デミング賞本賞(2010 年)，紫綬褒章(2013 年秋)など．

Bjoern FRANK（フランク　ビョーン）　博士(工学)

東京工業大学　大学院社会理工学研究科経営工学専攻　助教
(2015 年 4 月より上智大学大学院地球環境学研究科　准教授)
1979 年　ドイツ・フランクフルト生まれ
2005 年　ダルムシュタット工科大学（ドイツ）　修士(経営工学)
2006 年　リヨン中央大学（フランス）　修士(工学)
2009 年　東京工業大学　博士(工学)
同　年　　　同　　　　助教

［専門］マーケティング，品質管理，環境経営学
［表彰］日本品質管理学会研究奨励賞(2009 年)，日経品質管理文献賞(2013 年)

顧客満足CSの科学と顧客価値創造の戦略
グローバル生産文化と日本文化の強みを生かすものコトづくり発想

2015年3月23日　第1刷発行

著　者　圓川　隆夫
　　　　フランク・ビョーン
発行人　田中　健
発行所　株式会社　日科技連出版社
〒151-0051　東京都渋谷区千駄ケ谷5-15-5
DSビル
電　話　出版　03-5379-1244
　　　　営業　03-5379-1238
印刷・製本　東港出版印刷株式会社

検印省略

Printed in Japan

© Takao Enkawa, Bjoern Frank 2015
ISBN978-4-8171-9541-8
URL http://www.juse-p.co.jp/

本書の全部または一部を無断で複写複製(コピー)することは，著作権法上での例外を除き，禁じられています．